ROBLOX로 배우는 기초 코딩

로블록스 게임 제작
점프맵 만들기

| Nofair 저 |

DIGITAL BOOKS
디지털북스

ROBLOX로 배우는 기초 코딩

로블록스 게임 제작 점프맵 만들기

| 만든 사람들 |
기획 IT·CG기획부 | 진행 장우성 | 집필 Nofair
| 편집표지디자인 원은영 D.J.I books design studio

| 책 내용 문의 |
도서 내용에 대해 궁금한 사항이 있으시면
저자의 홈페이지나 디지털북스 홈페이지의 게시판을 통해서 해결하실 수 있습니다.
디지털북스 홈페이지 digitalbooks.co.kr
디지털북스 페이스북 facebook.com/ithinkbook
디지털북스 인스타그램 instagram.com/digitalbooks1999
디지털북스 유튜브 유튜브에서 [디지털북스] 검색
디지털북스 이메일 djibooks@naver.com
저자 이메일 nuti2002@naver.com

| 각종 문의 |
영업관련 dji_digitalbooks@naver.com
기획관련 djibooks@naver.com
전화번호 (02) 447-3157~8

머리말

로블록스는 누구나 자기만의 게임을 만들 수 있고, 그 게임을 다른 사람들과 언제나 플레이할 수 있어 좋습니다.

로블록스 스튜디오는 다른 게임 개발 프로그램에 비하면 쉬운 편이지만, 그럼에도 완전 처음 시작하는 사람에게는 은근히 어렵습니다.

로블록스 게임 개발 책은 다양하지만, 모두 딱딱하게 배울 내용을 나열하기만 해서 흥미가 금방 떨어지고, 막상 필요한 내용은 없기도 합니다. 그래서 이 책을 집필할 때 로블록스 점프맵을 중심으로 로블록스 스튜디오와 로블록스 스크립트를 배울 수 있도록 구성했습니다.

점프맵은 다른 장르에 비해 만들기 쉬워서 처음 게임을 만드는 사람들이 도전해보면 좋습니다. 여기 쓰이는 여러 장애물은 이후 다른 게임을 만들 때도 활용할 수 있습니다.

책을 따라 점프맵을 만들어나가면서, 즐겁게 스튜디오와 스크립트의 기초를 배우고, 후에 기초 내용에 빠삭해지면 다른 장르에도 도전해보시면 좋을 것이라고 생각합니다.

로블록스 게임 개발 유튜버

Nofair 올림

책에 등장하는 점프맵 소개

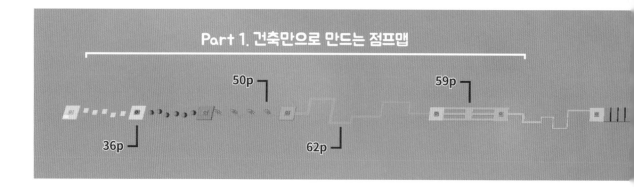

Part 1. 건축만으로 만드는 점프맵

50p
59p
36p
62p

파트 1에서는 스크립트 없이 만들 수 있는 점프맵을 소개합니다.
단순하지만 기본적으로 사용하는 여러 장애물을 만들 수 있어요.

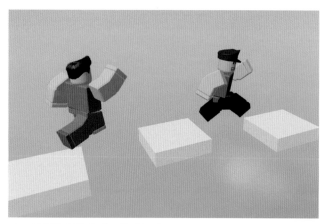

36p 점프해서 건너가는 길 만들기

62p 미끄러지는 길 만들기

50p 사다리 올라가기

59p 통과되는 함정 만들기

책을 집필하며 만든 점프맵을 직접 플레이해 봅시다.
해당 게임은 로블록스에 '멋진 점프맵'으로 검색하시면 직접 해볼 수 있습니다.

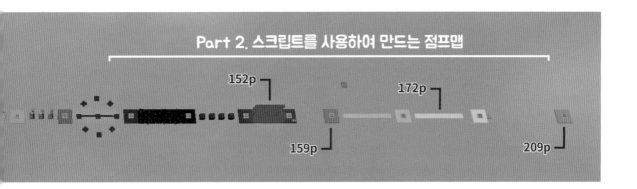

파트 2에서는 스크립트로 더욱 다양한 점프맵을 만드는 방법을 배워 봅시다!

152p 킬파트 만들기

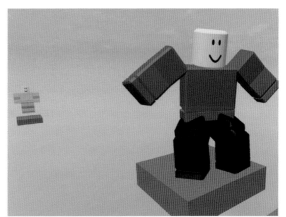

159p 순간이동하는 파트 만들기

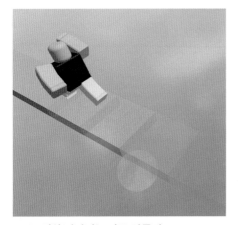

172p 점차 사라지는 파트 만들기

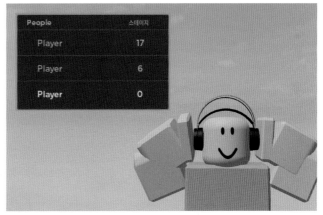

181p 199p 리더보드와 배경음악 넣기

Contents

PART 01
스튜디오
처음
시작하기

CHAPTER 1.
로블록스란?

UNIT 1 : 로블록스 플랫폼에 대하여

저 많은 게임은 모두 로블록스 유저가 직접 만들었다.

로블록스는 하나의 게임이 아닌, 수많은 여러 게임들이 모인 커다란 플랫폼입니다. 로블록스 유저들은 자기만의 아바타를 만들고, 그 아바타로 원하는 게임에 이곳저곳 들어가 자유롭게 플레이할 수 있지요. 게다가 놀랍게도 저 많은 로블록스 게임들은 모두 로블록스 유저들이 스스로 만든 것들입니다.
로블록스 게임을 만들기를 원한다면 이 책 내용을 그대로 쭈욱~ 따라오기만 하면 됩니다. 그러면 어느 새 자기만의 게임이 완성되어있는 것을 볼 수 있을 것입니다!

UNIT 2 : 다양한 게임 장르 소개

로블록스 게임을 만들기 시작하기 전에, 어떤 종류의 게임들이 있는지 한번 둘러봅시다. 기존에 알던 장르를 다시 생각해볼 수도 있고, 새로운 장르를 보며 신선한 아이디어도 떠올리게 될 수도 있으니까요.

1. 점프맵

영어로는 오비(obby)라고도 부르는 이 장르는 아주 단순하면서도 재밌습니다. 로블록스 캐릭터를 이리저리 움직이며 장애물을 뛰어넘고, 사다리를 타고, 함정을 피해가며 다음 스테이지로 나아가는 게임이에요.

딱히 복잡한 요소도 없어서, 로블록스를 갓 시작한 플레이어가 처음하기에도 좋은 게임이고, 로블록스 게임 제작을 처음 시작했을 때 만들어보기에도 좋은 게임입니다. 그래서 이 책에서도 점프맵 만들기를 중심으로 로블록스 게임 제작에 대해 함께 알아보려고 합니다.

2. 롤플레이(RPG)

좋아하는 만화나 게임의 캐릭터, 멸망한 세계의 생존자, 판타지 세계의 공주님, 감옥에서 탈출한 죄수, 뒷골목 불량배, 어느 평범한 고등학생 등 자신이 원하는 인물이 되어, 그 세계에서 다른 플레이어들과 상황극을 하거나, 서로 전투력을 겨뤄보면서 즐기는 게임입니다. 색다른 경험을 해보고 싶거나, 들어가 보고 싶은 세계가 있다면 꼭 한번 해보세요!

3. 타워 디펜스

여러 종류의 타워들 중에 마음에 드는 것들을 고르고, 그 타워들을 알맞은 위치에 배치해서, 길을 따라 공격해오는 적들을 막는 게임입니다. 타워는 각각 독특한 방식으로 적들을 공격하며, 적들 중에도 특수능력을 가진 친구들이 있어 더욱 게임을 흥미진진하게 만듭니다. 그리고 마지막 보스를 끝내 물리쳤을 때, 클리어와 함께 짜릿한 기분도 느낄 수 있습니다.

4. 쇼케이스

로블록스 최고의 고퀄리티 건축물들을 감상할 수 있는 게임입니다. 게임 플레이가 주목적이 아닌 장르로, 개발자가 최대한 현실에 가깝게 만든 건축물, 지형, 풍경 등을 감상하며 맵을 돌아다니는 형식으로 주로 이루어져 있습니다.

5. 공포 게임

어두컴컴한 공간, 무서운 귀신을 만나볼 수 있는 게임입니다. 오직 플레이어의 공포를 위해서 존재하는 게임입니다. 용기를 기르고 싶거나, 친구들과 함께 무서운 기분을 느껴보고 싶을 때, 무더운 여름에 차가운 한기를 느껴보고 싶을 때 플레이해보기 좋습니다.

6. 슈팅(FPS/TPS)

다른 플랫폼의 게임에서도 흔히 볼 수 있는 슈팅 장르입니다. 1인칭 또는 3인칭으로 박진감 넘치는 총싸움을 즐겨보세요!

7. 시뮬레이터

채광, 양봉, 운동, 제설 등 특정 행동을 반복하면서 포인트를 쌓아 성장하는 게임입니다. 한 장르로 묶여 있지만, 이 안에는 독특하고 특출한 게임이 많아 몇 문장만으로 모든 시뮬레이터 게임을 포괄해 설명하기가 어렵습니다. 가장 좋은 방법은 직접 해보면서 깨닫는 것이 아닐까요?

8. 스토리 게임

다양한 이야기의 등장인물이 되어 퍼즐과 장애물을 헤쳐나가며 이야기를 진행하는 게임입니다.

UNIT 3 : 로블록스 스튜디오

모든 로블록스 게임은 로블록스 스튜디오를 이용해 만듭니다. 다른 게임 엔진들과 비교해 진입 장벽도 매우 낮아서 처음 게임 개발을 시작하는 사람들이 사용하기 좋은 엔진입니다.

다음은 로블록스에서 제시하는 컴퓨터 권장 사양입니다.

PC 운영체제

1) 윈도우 7, Windows 8/8.1 또는 Windows 10 하 웹브라우저 Internet Explorer 버전 11 이상에서 실행 가능

* Windows 8/8.1의 경우 메트로(태블릿) 모드가 아닌 데스크탑 모드만 지원

2) 맥 OS 10.11 (El Capitan) 이상에서 실행 가능

그래픽카드 - 외장 그래픽카드가 있는 5년 미만 컴퓨터 또는 내장 그래픽카드가 있는 3년 미만 노트북.

CPU - 클럭 속도가 1.6GHz 이상인 프로세서

메모리(램) - 최소 1GB의 시스템 메모리

로블록스 계정 로그인 및 프로그램 실행 가능한 최소 4-8MB/s 속도를 지원하는 인터넷이 연결되어 있어야 하며, 항상 최신 버전 업데이트 유지 권장

CHAPTER 2.
스튜디오 들어가기

UNIT 1 : 로블록스 스튜디오 다운받기

01 컴퓨터로 로블록스 사이트에 접속해 로그인
합니다. 위쪽에 만들기 탭을 클릭하세요.
(로블록스 스튜디오는 컴퓨터에서만 가능합
니다.)

또는 인터넷 주소창에 다음 링크를 입력합니다.

create.roblox.com/creations

그러면 이런 페이지가 보일 것입니다. 바로 정중앙에 있는 '만들기 시작하기' 버튼을 클릭해주세요!

만약 사진과는 다른 페이지가 뜬 경우, 거기서 다음과 같이 생긴 버튼을 찾
아 클릭해주세요.

02 로블록스가 이미 다운되어 있다면, 바로 스튜디오가 켜질 것이고, 만일 그렇지 않다면 이런 창이 나타날 겁니다.
바로 Studio 다운로드 버튼을 눌러주세요.

03 이런 창이 뜨면 열기를 선택합니다.
열기 대신 '실행하기'라고 쓰여있는 경우도 있습니다. 똑같이 선택해주시면 됩니다.

곧바로 실행이 불가능하다면 바탕화면에 저장 후, **바탕화면에서 실행**합니다.

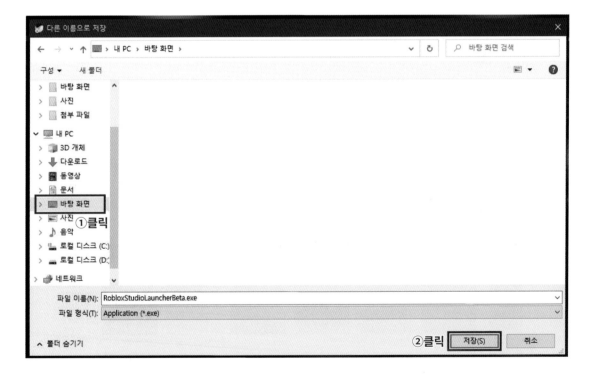

04 스튜디오 다운로드를 시작합니다.

05 스튜디오 다운로드가 끝나면 바탕화면에 로블록스 스튜디오 바로가기가 생깁니다. 언제든 이 바로가기로 로블록스 스튜디오에 접속할 수 있습니다.

스튜디오에 처음 들어가는 경우 중간에 로그인 창이 뜰 수 있습니다. 로블록스 아이디로 로그인해주시면 됩니다.

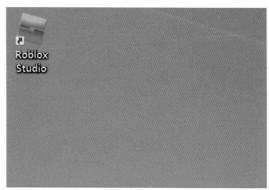

UNIT 2 : 첫 게임 생성하기

01 처음 로블록스 스튜디오에 접속하면 아래와 같은 모습일 겁니다.

(중간에 로그인 창이 새로 뜰 수도 있습니다. 로블록스 아이디로 로그인하면 됩니다)

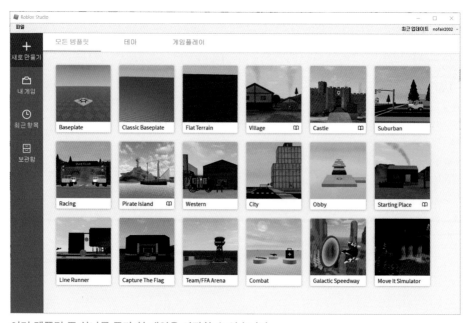

여러 템플릿 중 하나를 골라 첫 게임을 시작할 수 있습니다.

02 우리는 **Classic Baseplate**(클래식 베이스플레이트)를 선택합니다(그냥 Baseplate도 괜찮아요!). 템플릿은 대부분 참고용이기 때문에, 일반적으로는 베이스플레이트를 선택합니다.

Classic Baseplate

03 베이스플레이트에 들어온 모습입니다. 바로 왼쪽 위의 파일을 클릭한 후, Roblox에 게시를 선택해주세요.

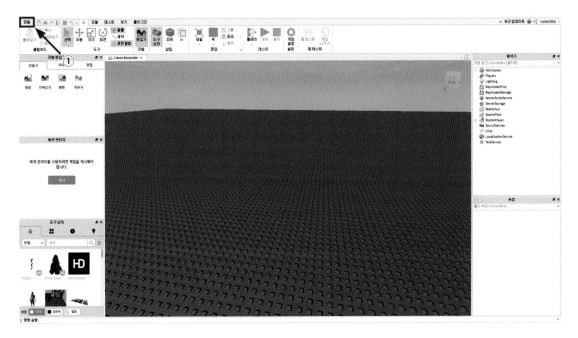

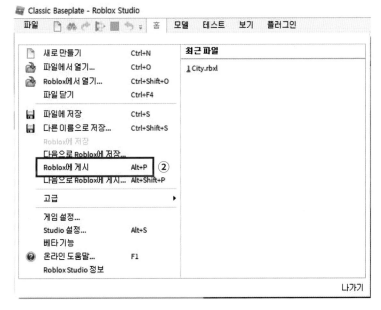

04 게임을 업로드하는 창이 떴습니다. 각 항목을 입력한 후 파란색 저장 버튼을 클릭하면 곧바로 게임이 생성됩니다.

이름 : 게임 제목을 적습니다. 나중에 언제든 수정 가능합니다.

설명 : 게임 페이지에서 보이는 게임 설명입니다.

크리에이터 : 게임 제작자를 본인으로 할지, 그룹으로 할지 선택할 수 있습니다. 보통은 '나'로 그대로 놔둡니다.

장르 : 게임 장르로, 점프맵은 일반적으로 모험(영어판:Adventure)으로 설정됩니다.

기기 : 게임을 플레이할 수 있는 기기를 선택합니다. 일부 고사양 게임, FPS 게임 등은 컴퓨터에서만 플레이할 수 있도록 설정하기도 합니다.

간단한 점프맵은 컴퓨터, 휴대폰, 태블릿까지 전부 플레이할 수 있도록 설정하는 것이 좋습니다.

팀 제작 : 친구와 같이 게임을 만들 수 있게 해주는 기능입니다.

콘솔 항목은 엑스박스 등에서 쓰이는 게임패드를 의미하며, 다른 기기들과 다르게 다음 조건을 통과해야합니다.

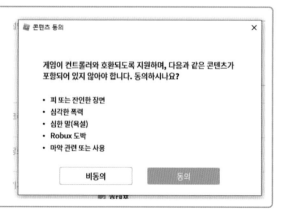

주의사항

게임 설정은 언제든지 바꿀 수 있지만, 한 번 생성한 게임은 영원히 삭제할 수 없으니, 신중히 선택해주세요.

05 게임 게시가 확인되었으면 **왼쪽 위**의 X버튼을 눌러 다시 스튜디오 홈으로 돌아갑니다. 오른쪽 위에 있는 종료 버튼은 누르지 마세요! 그걸 누르면 스튜디오 자체가 종료되어버립니다.

06 스튜디오 홈에서 내 게임으로 들어간 후, 생성한 게임을 찾아주세요. 그 게임 아이콘 오른쪽 위의 점 3개가 나란히 있는 버튼을 클릭합니다.

07 설정 목록 중 공개 설정을 선택해주세요. 그리고 아이콘 아랫부분에 비공개라고 쓰여있던 부분이 공개로 변한 것을 확인할 수 있습니다. 모든 게임은 처음에는 제작자 본인밖에 플레이하지 못하며, 이렇게 공개로 바꿔주어야 다른 플레이어들도 플레이할 수 있습니다.

UNIT 3 : 여러 가지 게임 설정

01 로블록스 스튜디오 상단 메뉴에서 게임 설정을 찾아 클릭합니다. 게임 설정은 쉬운 것부터 전문적인 것까지 많기 때문에 우리는 꼭 필요한 것만 짚고 넘어갑시다.

02 기본 정보 탭에서는 이름과 설명, 장르와 플레이 가능 기기,그리고 게임 아이콘, 게임 썸네일을 설정할 수 있습니다.

게임 아이콘은 게임 목록에서 보이는 이미지, 게임 썸네일은 게임 페이지에서 보이는 이미지입니다.

로블록스 스튜디오 TIP!

인터넷 링크, 흐릿해서 알아보기 어려운 글자, 실제 사람의 얼굴이 포함된 이미지 등 로블록스 운영 원칙에 어긋나는 이미지를 썸네일이나 아이콘으로 업로드할 경우 처벌받을 수 있으니 주의해주세요.

03 권한 탭에서는 게임 플레이 허용 범위, (팀 제작이 활성화된 경우) 공동 제작자의 편집 권한 등을 설정할 수 있습니다.

04 수익 창출 탭입니다.

유료 액세스를 켜면, 설정된 로벅스를 지불한 플레이어만 게임을 플레이할 수 있습니다.

비공개 서버를 켜면, 플레이어들이 비공개 서버를 이용할 수 있습니다. 이때, 비공개 서버도 유료로 판매할 수 있습니다.

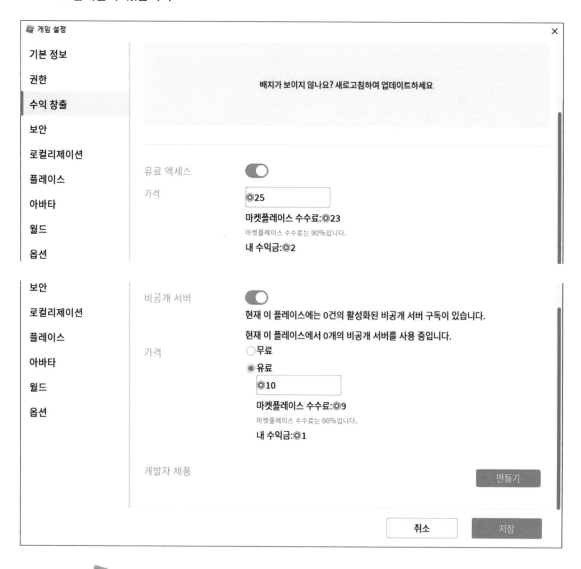

로블록스 스튜디오 TIP!
로블록스 프리미엄이 없는 경우, 게임 개발자는 판매 수익의 10%를 받습니다.
프리미엄이 있는 경우, 판매 수익의 70%를 받습니다.

05 플레이스를 관리하는 탭입니다.

어떤 게임은 로비 플레이스와 게임플레이 플레이스를 따로 두는 등, 한 게임에 여러 개의 플레이스를 두기도 합니다. 우리는 굳이 그럴 필요가 없으므로 하나의 플레이스만 사용합니다. 오른쪽의 점 3개 아이콘을 클릭하고, 편집을 눌러 플레이스 설정을 열 수 있습니다.

1. 이름 : 이 플레이스만의 이름을 정해줄 수 있습니다. 시작 플레이스(첫 번째 플레이스)의 경우 게임 이름과 플레이스 이름이 동일합니다.

2. 최대 플레이어 수 : 한 서버의 최대 인원수를 설정합니다. 인원이 너무 많으면 게임 랙이 심해지니 20~30 정도로만 설정하는 걸 추천합니다. 1인용 게임을 만들 땐 이 항목을 1로 설정합니다.

3. 서버 채우기

Roblox 최적화됨 : 서버 최적화 정도에 따라 자동으로 적당한 인원만큼만 채워줍니다.

최대 : 가능한 모든 서버를 꽉 채웁니다.

예약 서버 슬롯 사용자 정의 : 서버 당 몇 명을 비워놓을지 직접 설정합니다. 예를 들어 4로 설정하면, 자동으로 서버 최대 인원수에서 4칸씩 비워둡니다. 그 빈자리는 친구 따라 들어오는 플레이어들이 채우곤 합니다.

4. 복사 허용 : 다른 플레이어가 내 게임을 복사해 스튜디오로 편집하고, 다른 게임으로 게시하는 것을 허용합니다.

5. 버전 기록 : 이전 버전의 플레이스를 불러올 수 있습니다. 실수로 잘못 저장했거나, 플레이스를 과거 버전으로 되돌리고 싶을 때 유용합니다.

06 게임을 플레이하는 유저들의 아바타 설정입니다.

1. 기본 설정 : 미리 준비된 프리셋입니다.

클래식 비율 – 기본 비율로 모두 통일합니다.

풀 클래식 – 기본 비율로 모두 통일하고, 머리 모양도 기본으로 통일합니다.

Rthro – 기본 비율보다 키가 두 배 더 큰 캐릭터로 통일합니다.

점프맵은 주로 기본값을 사용합니다.

2. 아바타 유형 : R6과 R15는 각각 캐릭터를 구성하는 파트 개수가 6개, 15개로 다릅니다. R6은 R15에 비해 더 많은 점프맵 기술이 사용 가능하고, 파트 개수도 적은만큼 최적화에도 좋으므로, R6을 선택하는 것이 좋습니다.

3. 애니메이션 : 로블록스 표준 애니메이션으로 통일할지, 플레이어들이 각자 아바타 상점에서 구매한 것을 쓸 수 있게 허용해줄지 설정입니다. 점프맵 게임은 대개 **표준으로 설정합니다**.

4. 충돌 : 플레이어 캐릭터의 충돌 판정 기준 설정입니다. 무엇으로 하셔도 별 차이가 없습니다.

로블록스 스튜디오 TIP!
게임 설정 창을 옆으로 치우면 설정이 적용되었을 때의 아바타의 모습도 확인할 수 있습니다.

07 월드 탭입니다.

점프맵 게임은 대개 설정 수정 없이 기본값 그대로 둡니다.

모든 설정이 끝났다면 오른쪽 아래 파란색의 저장 버튼을 클릭해 설정을 저장합니다.

게임 설정			✕
기본 정보	**기본 설정**		
권한	클래식　　현실적　　액션		
수익 창출			
보안	중력　　작업 공간 중력: 196.2	(54.936미터/초^2)	
로컬리제이션			
플레이스	점프　　○ 점프 높이: 7.159	(2.004미터)	
아바타	● 점프력: 50		
월드	걷기　　걷기 속도: 16	(4.48미터/초)	
옵션	최대 점프 거리: 8.644	(2.42미터)	
	경사　　최대 경사각: 89		
		취소　　저장	

---

1. 기본 설정

클래식 – 기본값입니다.

현실적 – 중력이 약해 천천히 떨어집니다. 대신 점프 높이도 낮습니다.

액션 – 중력이 약해 천천히 떨어집니다. 점프 높이는 비슷합니다. 이동 속도가 살짝 더 빠릅니다.

2. 중력 : **작업 공간 중력**의 기본값은 196.2이고, 이 수치가 더 높아질수록 중력이 강해져, 같은 점프력으로 뛸 수 있는 높이가 낮아지고, 떨어지는 속도가 빨라집니다.

3. 점프 : **점프력** 또는 **점프 높이**(스터드 기준)를 기준으로 점프력을 설정할 수 있습니다.

4. 걷기 : **기본 걷기 속도**(스터드 기준)를 설정할 수 있습니다.

점프맵의 발판 사이 간격을 정할 때 **최대 점프 거리**(스터드 기준)를 참고하면 좋습니다.

5. 경사

캐릭터가 올라갈 수 있는 **최대 경사각**을 설정합니다. 예를 들어 50도로 설정되어있다면, 각도가 50도가 넘어가는 경사는 캐릭터가 오르지 못하고 미끄러져 내립니다.

UNIT 4: 게임 저장하고 게시하기

본격적으로 시작하기 전에 게임 저장과 게시부터 다뤄보려 합니다. 아직 저장할 생각이 없다면 바로 다음 장으로 넘어가고, 나중에 다시 돌아와도 됩니다.

●1 왼쪽 위 파일 메뉴를 클릭해 열어주세요.

1. 파일에 저장, 다른 이름으로 저장 : 플레이스의 복사본을 컴퓨터에 파일로 저장합니다. 로블록스 서버에는 저장되지 않습니다.

2. Roblox에 저장 : 만든 플레이스를 로블록스 서버에 저장합니다. 가장 일반적으로 쓰이는 저장 방법입니다. 이렇게 저장한 맵은 다시 스튜디오를 켰을 때 바로 이어서 할 수 있습니다. 단, 실제 **게임은 업데이트 되지 않습니다.**

3. Roblox에 게시 : 만든 플레이스를 로블록스 게임으로 업로드합니다. 로블록스 스튜디오에도 자동 저장되며, 실제 게임도 업데이트됩니다. 첫 게임을 생성하거나, 기존 **게임을 업데이트할 때 사용**하는 저장 방법입니다.

4. 다음으로 Roblox에 게시/저장 : 만든 플레이스를 다른 게임에 저장합니다. 플레이스를 다른 게임으로 옮기고 싶을 때 주로 사용합니다.

로블록스 스튜디오 TIP! - 프로필에 게임 등록하기

플레이스 페이지 열기를 클릭합니다.

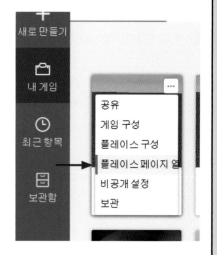

게임 제목 오른쪽에 나란히 있는 점 3개 아이콘을 클릭하고, 프로필에 추가 버튼을 클릭해주세요.

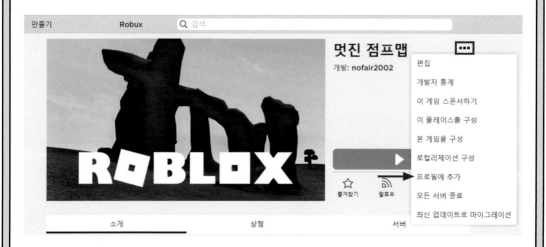

그 후에 자신의 프로필에서 **작품** 탭을 누르면 게임이 올라온 것을 볼 수 있습니다(시간이 좀 걸릴 수 있으니 안 올라오더라도 조금만 기다려보세요!).

MEMO

PART 02
건축만으로
만드는
점프맵

CHAPTER 1.
기초 건축 시작하기

UNIT 1 : 건축 시작 준비!

01 건축을 시작하기 전 스튜디오 기본 조작을 알아보고, 스튜디오 메뉴를 살펴보며, 건축을 더 쉽게 해 주는 메뉴 설정을 함께해 보도록 합시다.

아래는 처음 로블록스 스튜디오를 켰을 때 모습입니다.

02 로블록스 스튜디오 기본 조작은 로블록스 게임과 비슷합니다.

    q : 아래로   **w** : 앞으로   **e** : 위로   **a** : 왼쪽으로   **s** : 뒤로   **d** : 오른쪽으로

그 밖에 **마우스 오른쪽 클릭 후 드래그**로 카메라를 돌릴 수 있으며, **마우스 스크롤**로 카메라를 앞뒤로 빠르게 움직일 수 있습니다. **shift**를 꾹 누른 상태에선 카메라 이동 속도가 느려집니다.

03 맨 위 상단 메뉴의 쓰임새를 알아봅시다.

홈	모델	테스트	보기	플러그인

홈 : 자주 쓰는 스튜디오 기능을 한곳에 모았습니다.

모델 : 파트와 모델을 다룹니다. 건축할 때 사용합니다.

테스트 : 만든 맵을 테스트할 때 사용합니다.

보기 : 화면 양쪽으로 보이는 창들을 관리합니다.

플러그인 : 게임 제작에 도움을 주는 플러그인을 관리하고 사용합니다.

04 창 배치부터 하겠습니다. **보기** 탭으로 들어가 주세요. 보기에 있는 항목 중 건축에 필요한 것만 짚고 가겠습니다.

1. 탐색기 : 맵 안의 있는 파트와 모델 등 모든 개체의 목록을 보여줍니다.

2. 속성 : 선택한 개체의 속성을 보여줍니다. 예를 들어 파트를 선택하면 파트의 색깔, 재질, 크기 등을 보거나 편집할 수 있습니다.

3. 애셋 관리자 : 이 게임의 플레이스, 업로드된 이미지, 오디오, 플러그인 등을 한눈에 모아볼 수 있는 창입니다.

4. 도구 상자 : 다른 플레이어들이 만들어 올린 모델, 오디오, 이미지, 플러그인 등을 검색해 가져올 수 있습니다. 부록 파트의 **도구 상자 사용법** 유닛에서 자세한 내용을 다루었습니다.
영어 명칭인 **툴박스**(Toolbox)라고 부르기도 합니다.

5. 출력 : 스튜디오 에러, 스크립트 에러, 게임 저장 메시지 등 여러 알림이 뜨는 창입니다.

6. 명령 모음 : 스크립트 명령어를 입력해 실행할 수 있습니다.
영어 명칭인 **커맨드 바**(Command Bar)라고 부르기도 합니다.

7. 지형 편집기 : 현실과 가까운 느낌의 지형을 만들 수 있습니다.
영어 명칭인 **테레인**(Terrain)이라고 부르기도 합니다.

8. 보기 선택기 : 좌표에서 x, y, z 축의 방향을 보여줍니다.

9. 전체화면 : 창 모드와 전체화면 모드를 전환합니다.

10. 스크린숏 : 스튜디오 화면을 캡처합니다. 스튜디오 창이나 메뉴 등은 캡쳐되지 않습니다.

11. 비디오 녹화 : 스튜디오 화면을 녹화합니다. 스튜디오 창이나 메뉴 등은 녹화되지 않습니다.

05 저는 다음과 같이 창을 배치했습니다.
출력, 도구 상자, 탐색기, 속성 4가지를 배치했고, **지형 편집기**와 **애셋 관리자** 등 당장 사용하지 않는 창은 종료했습니다. 창 위치나 순서는 정해진 것이 없으니, 사진대로 할 필요 없이 자유롭게 옮겨도 됩니다.

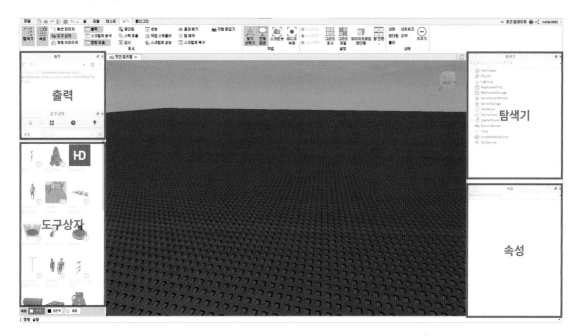

06 마지막으로 상단 메뉴 **모델**을 보겠습니다. 모드, 충돌, 제약이 있습니다. **모드**는 **지오메트릭**으로 설정하고, **충돌**과 **표면 결합**은 체크 박스를 반드시 꺼주세요.
충돌이 켜져 있으면 파트끼리 서로 통과가 되지 않아 건축할 때 매우 불편합니다. **모드**와 **표면 결합**은 각각 **밧줄 파트 더 자세히 파헤치기!** 유닛과 **맵 전체가 회전한다!** 유닛에서 더 자세하게 다루도록 하겠습니다.

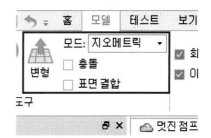

UNIT 2 : 첫 파트 배치하기

01 상단 메뉴 **모델**에서 **파트** 버튼을 클릭해 파트를 하나 생성합니다. 생성한 파트는 탐색기에서도 확인할 수 있습니다.

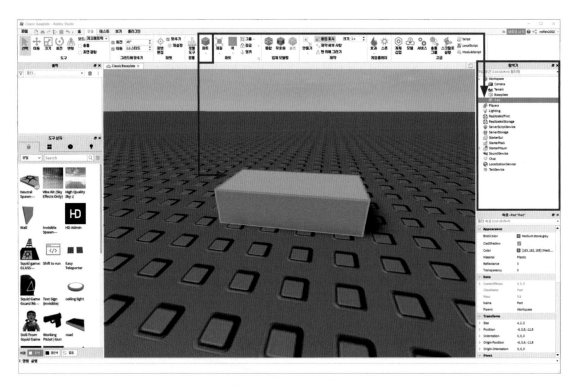

02 이제 파트를 이리저리 만져볼까요?

1. 선택 도구 : 파트를 이리저리 드래그할 수 있고, 파트와 파트를 면끼리 붙일 때 유용하게 쓸 수 있습니다.

2. 이동 도구 : 파트 주변의 화살표를 드래그해 파트를 직선으로 움직입니다. 파트를 공중에 띄우거나 다른 파트와 겹칠 때 특히 더 유용한 도구입니다.

3. 크기 도구 : 파트 주변의 구를 드래그해 파트 크기를 조절합니다. 최대 크기는 2048 스터드입니다.

4. 회전 도구 : 파트 주변에 나타나는 3개의 원을 돌려가며 파트를 회전합니다.

5. 그리드에 맞추기

회전 : **회전 도구**의 한 번에 회전하는 각의 크기를 설정합니다.

이동 : **이동 도구**와 **크기 도구**의 스터드 크기를 설정합니다.

각 항목 왼쪽의 **체크 박스**를 끄면 입력된 크기를 무시하고 파트가 매우 부드럽게 움직입니다. 미세한 이동이나, 매우 얇은 파트를 원할 때 이용하면 좋습니다.

로블록스 스튜디오 TIP!

스터드는 다음과 같습니다.

Classic Baseplate에서 스터드

Baseplate 또는 그리드 레이아웃에서의 스터드

03 파트에 **오른쪽 클릭**하면 더 많은 기능들을 살펴볼 수 있습니다.
자주 사용되는 기능 몇 개만 알아보겠습니다.

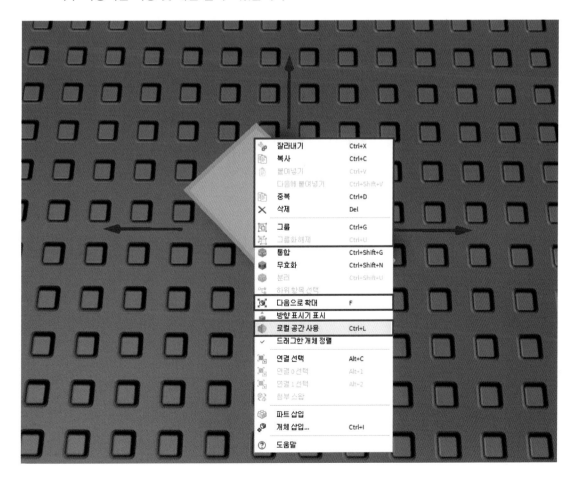

잘라내기	Ctrl+X
복사	Ctrl+C
붙여넣기	Ctrl+V
다음에 붙여넣기	Ctrl+Shift+V
중복	Ctrl+D
삭제	Del
그룹	Ctrl+G
그룹화 해제	Ctrl+U
통합	Ctrl+Shift+G
무효화	Ctrl+Shift+N
분리	Ctrl+Shift+U
하위 항목 선택	
다음으로 확대	F
방향 표시기 표시	
로컬 공간 사용	Ctrl+L
드래그한 개체 정렬	
연결 선택	Alt+C
연결 0 선택	Alt+1
연결 1 선택	Alt+2
첨부 스왑	
파트 삽입	
개체 삽입...	Ctrl+I
도움말	

1. 잘라내기 : 파트를 현재 위치에서 잘라냅니다. 이후 붙여넣기로 붙여 넣을 수 있습니다.

2. 복사 : 파트를 복사합니다. 이후 붙여넣기로 붙여 넣을 수 있습니다.

3. 붙여넣기 : 잘라내기 하거나 복사한 파트를 붙여 넣습니다.

4. 다음에 붙여넣기 : 선택한 파트 안에 붙여넣기 합니다. 파트를 모델 안에 붙여 넣거나 효과를 파트 안에 붙여 넣는 등의 경우에 사용합니다.

5. 중복 : 파트를 그 자리에 복제합니다. **충돌**이 켜져 있으면 원래 파트 위에 새 파트가 엎어집니다 (**건축 시작 준비!** 유닛의 31쪽 06번 문단 참고).

6. 삭제 : 선택한 파트를 삭제합니다.

7. 그룹 : 선택한 파트를 모델로 묶습니다.

8. 그룹화 해제 : 선택한 모델을 풉니다.

9. 다음으로 확대 : 선택한 파트에 카메라를 고정시킵니다.

10. 로컬 공간 사용 : 좌표의 x, y, z축 기준이 아닌 파트가 바라보는 방향 기준으로 파트를 움직일 수 있습니다. 회전된 파트를 이동시킬 때 유용합니다.

로블록스 스튜디오 TIP! - 단축키

로블록스 스튜디오에는 정말 다양한 기능이 있습니다. 그리고 각 기능에 더욱 쉽게 접근할 수 있도록 단축키가 마련되어 있습니다.

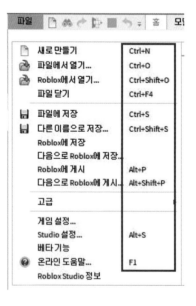

버튼 여러 개로 구성된 단축키도 있는데요, 이를테면 Ctrl+V로 구성된 단축키는 Ctrl 키를 꾹 누른 상태에서 V키를 누르는 식으로, Ctrl+Shift+V로 구성된 단축키는 Ctrl 키와 Shift 키를 동시에 꾹 누른 상태에서 V키를 누르는 식으로 사용합니다.

다음은 로블록스 스튜디오에서 자주 쓰이는 대표적인 단축키 목록입니다.
실행취소 (Ctrl+Z) (방금 했던 행동을 취소합니다)
되돌리기 (Ctrl+Y) (실행취소 했던 것을 되돌립니다)

복사 (Ctrl+C)	선택 도구 (Ctrl+1)	전체화면 (F11 또는 Alt+F11)
붙여넣기 (Ctrl+V)	이동 도구 (Ctrl+2)	테스트 (F5)
중복 (Ctrl+D)	크기 도구 (Ctrl+3)	화면 녹화 (F12)
앵커 (Alt+A)	회전 도구 (Ctrl+4)	
삭제 (Del)		다중 선택 (Shift+클릭)

단축키 사용하기

중복(Ctrl+D)를 예시로 사용해보겠습니다.

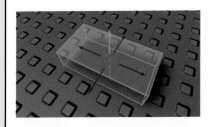

여기 파트를 하나 선택했습니다.(복제된 것이 눈에 띄도록 반투명한 파트로 준비했습니다).

Ctrl키를 꾹 누른 상태에서 D를 누릅니다.
파트가 그 자리에 복제되었습니다.
(충돌이 켜져있으면 파트가 위에 복제됩니다)

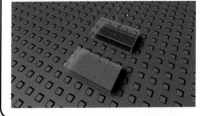

중복을 사용하면, 자동으로 원래 선택했던 파트는 선택 해제되고 복제된 파트가 선택됩니다.
자연스럽게 화살표를 드래그해서 복제된 파트를 옮겨줍니다.

UNIT 3: 나의 첫 점프맵 단계

01 첫 점프맵 단계를 만들어봅시다.

시작 지점입니다. 로블록스 캐릭터의 가로 크기가 4 스터드이므로 넉넉하게 4명 정도 서 있을 수 있도록 가로세로 각각 12 스터드인 파트를 만듭시다.

가로, 높이, 세로가 각각 12, 1, 12이므로 (12, 1, 12)로 표현합니다.

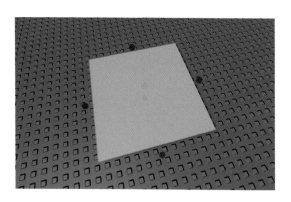

02 그 옆에 뛰어넘을 파트를 하나 더 설치합니다. 크기는 (4, 1, 4)입니다.

시작 지점과의 거리도 4 스터드로 하겠습니다. 아직 첫 번째 스테이지이므로 난이도가 너무 어려울 필요는 없어요.

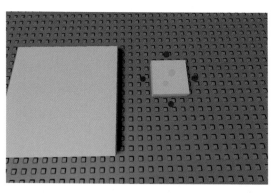

03 뛰어넘을 파트는 여러 개 필요하기에 **첫 파트 배치하기** 유닛에서 배운 것을 이용하여 파트를 여러 개 복제해줍니다.

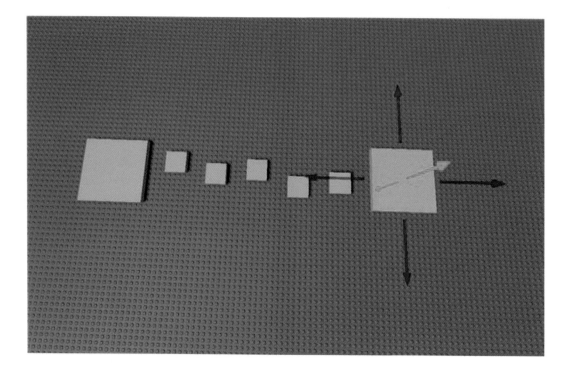

04 마지막으로 이렇게 완성된 스테이지를 전부 선택합니다. 사진과 같이 마우스로 상자를 그려 전부 선택하거나, Shift+클릭 단축키로 선택할 수도 있습니다.

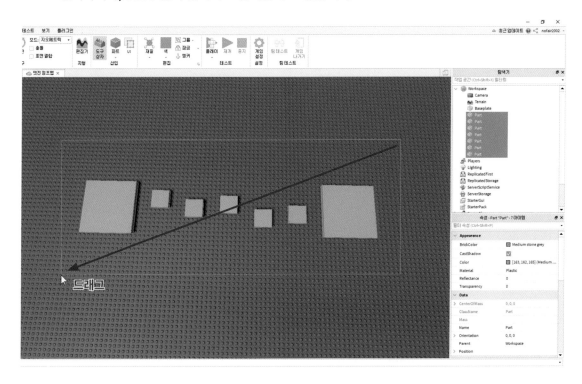

05 이렇게 선택된 파트들을 위쪽으로 한두 스터드 정도 살짝 올려줍니다.

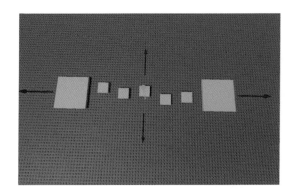 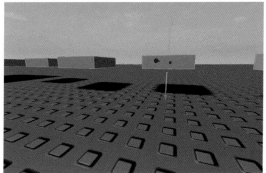

06 파트 선택 아직 해제하지 마세요! 상단 메뉴에서 **앵커** 버튼을 찾아 클릭해줍니다. 모든 파트는 **앵커**를 해야 움직이지 않습니다. 앵커를 잊지 말고 체크해서 파트가 바닥으로 떨어지거나 캐릭터에게 밀리지 않도록 해줍시다.

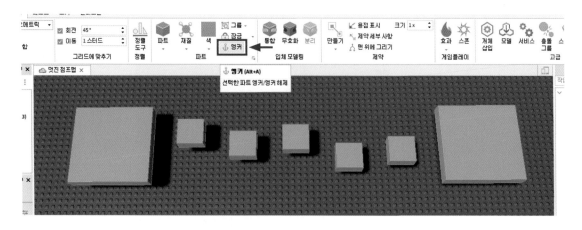

UNIT 4: 점프맵 이쁘게 꾸미기

01 직접 만든 점프맵을 예쁘게 꾸며봅시다.

점프맵의 파트들을 모두 선택하고, 다음 사진에 표시된 부분을 주목합니다.

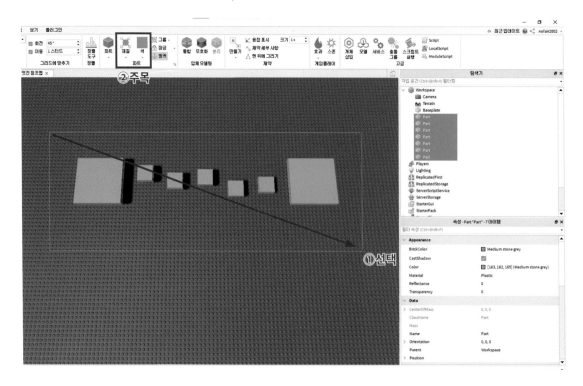

02 파트 재질을 선택할 수 있습니다. 파트 재질을 바꾸면 그 파트의 표면 텍스처는 물론 무게, 마찰, 탄성 등도 같이 바뀝니다. 저는 그대로 플라스틱으로 유지하겠습니다.

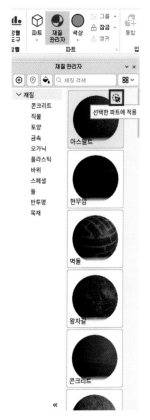

여러 파트 재질들 비교

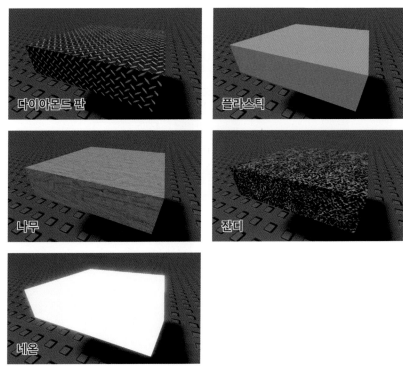

03 팔레트를 열어 선택한 파트의 색깔을 바꿀 수 있습니다.

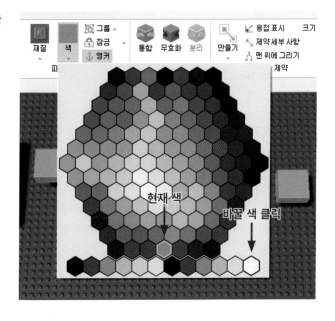

04 파트 재질과 색깔은 모두 파트 **속성** 창(**건축 시작 준비!** 유닛 04번 문단 참고)에서도 확인하고 수정할 수 있습니다.

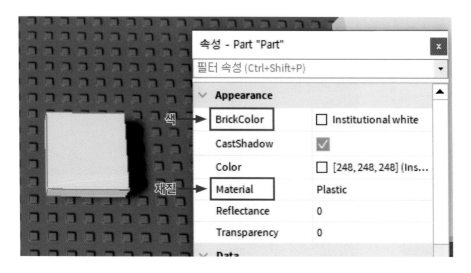

05 **Color** 속성에서는 기본 팔레트보다 훨씬 더 다양한 범위의 색을 입힐 수 있습니다.

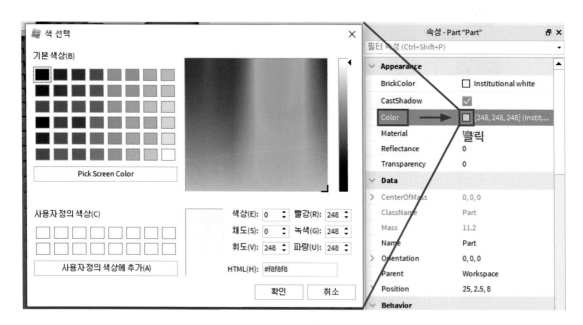

예전에는 사진처럼 플라스틱 재질의 파트 표면에 스터드를 입힐 수 있었으나, 2021년 5월 업데이트로 기능이 삭제되어 기존의 방법으로는 만들 수 없게 되었습니다. 다른 방법은 다음 링크의 영상 참고.

https://youtu.be/g0s4Cnb2WE0

01 직접 만든 점프맵을 플레이해봅시다.

우선 상단 메뉴 **모델**에서 **스폰** 버튼을 클릭해 **스폰**을 생성합니다. 스폰은 기본 크기가 너무 크므로 (4, 1, 4) 정도로 조절해줍니다.

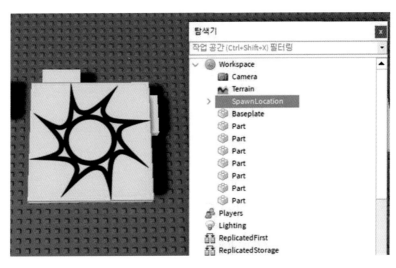

02 시작 지점 파트 중앙에 올려두겠습니다. 그러면 게임에 접속했을 때 이 스폰 위에서 캐릭터가 생성됩니다.

로블록스 스튜디오 TIP!

스폰 파트는 자동으로 앵커가 되어 있습니다. 따라서 따로 신경쓸 필요가 없습니다.

03 상단 메뉴 **테스트**로 가주세요.

1. 시뮬레이션

3가지 종류 중 하나를 선택해 테스트를 실행할 수 있습니다.

- **플레이** : 만든 게임을 플레이해볼 수 있습니다.
- **여기서 플레이** : 플레이와 똑같이 캐릭터가 생성되지만, 설치된 스폰에서 생성되지 않고, 현재 보고 있는 위치에서 생성됩니다.
- **실행** : 캐릭터가 생성되지 않으며, 게임 서버만 실행됩니다. 스크립트만 테스트할 때 많이 쓰입니다.

테스트를 시작하면 항목이 이렇게 변합니다.

- **현재 : 클라이언트** : 클릭하면 서버 시점으로 바뀝니다. 또한 번 클릭하면 다시 클라이언트로 돌아옵니다.
- **일시 중지** : 테스트 게임 서버를 일시 중지합니다.
- **재개** : 일시 중지 후 다시 실행할 때 클릭하는 버튼입니다.
- **중지** : 테스트를 끝냅니다.

로블록스 스튜디오 TIP!
참고로 테스트는 파일 탭 오른편의 숏컷 버튼을 통해서 빠르게 실행할 수도 있습니다.

2. 클라이언트와 서버

시뮬레이션보다 실행하는 데에 오래 걸리지만, 훨씬 더 실제 게임에 가까워 정확한 테스트입니다. 한 번에 2명 이상의 플레이어로 테스트할 수 있어 플레이어 간 상호작용을 테스트할 때 유용합니다.

왼쪽의 **시작** 버튼으로 실행하고, 오른쪽 정리 버튼으로 종료합니다.

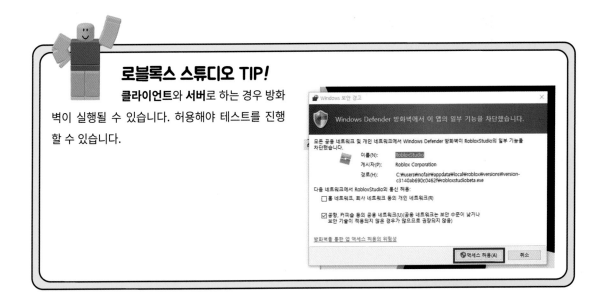

로블록스 스튜디오 TIP!

클라이언트와 **서버**로 하는 경우 방화벽이 실행될 수 있습니다. 허용해야 테스트를 진행할 수 있습니다.

3. 에뮬레이션

- **기기** : 모바일, 태블릿 등 다른 기기에서 플레이했을 때의 모습을 볼 수 있습니다.
- **플레이어** : 다른 지역이나 다른 연령대의 플레이어가 플레이했을 때를 테스트할 수 있습니다. 게임 번역 상태 등을 테스트할 때 유용합니다.

로블록스 스튜디오 TIP!

기기는 이미지에 표시된 버튼을 통해서도 빠르게 켤 수 있습니다.

4. 오디오

- **음소거** : 게임 소리를 음소거할 수 있습니다.

04 직접 **플레이**로 테스트해보겠습니다. 캐릭터가 점프맵을 클리어할 수 있는지 확인해볼 것이에요.

테스트는 성공적이었습니다. 무사히 반대편까지 도달했습니다!

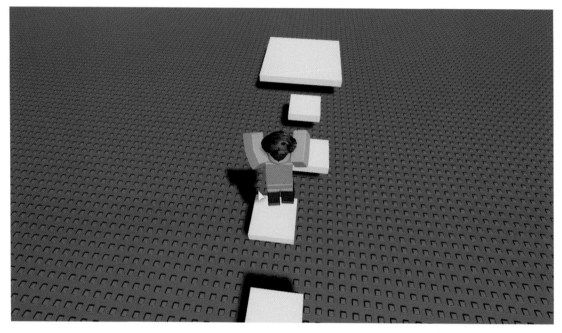

로블록스 스튜디오 TIP! - 파트가 바닥에 떨어졌어요!

파트가 **앵커**가 되어있지 않으면 중력으로 인해 바닥에 떨어집니다. **나의 첫 점프맵 단계 만들기!**
유닛의 04~06번 문단에서 **앵커**를 하는 방법을 읽어보세요.

로블록스 스튜디오 TIP! - 캐릭터를 감싸는 파란색 구체는 무엇인가요?

중력장(ForceField)입니다. 캐릭터가 생성되자마자 죽는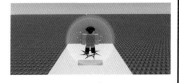
것을 방지하기 위한 10초 무적이에요. 점프맵에서는 거의 쓰이지 않으며,
스폰 **속성** 창에서 해제할 수 있습니다.

스폰 파트 클릭 -> 속성 창(30쪽 참고)에서 Duration(지속시간) 찾기 -> Duration 0으로 설정

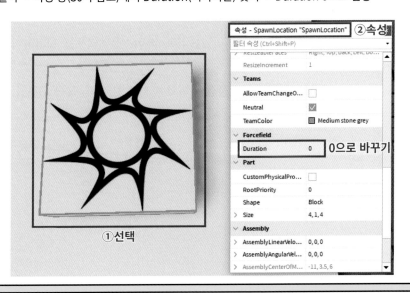

로블록스 스튜디오 TIP!
- 캐릭터가 생성되었는데 엉뚱한 방향을 보고 있어요!

스폰 파트를 반대쪽으로 회전시키면 올바른 방향으로 생성될 겁니다.

UNIT 6: 베이스플레이트 바닥 제거하기

01 마지막으로 아래쪽 바닥인 **베이스플레이트**
를 삭제하는 방법을 알아봅시다.

02 베이스플레이트는 기본적으로 잠금이 되어있습니다. 베이스플레이트를 제거하기 위해서는 잠금
을 해제해야 합니다.

상단 메뉴 **모델**에서 **잠금**을 찾아주세요. **잠금** 왼쪽의 화살표 클릭 후, **잠금 도구**를 선택합니다.

03 그러면 마우스가 이런 모양으로 변합니다. 이 상태에서 마우스를 베이스플레이트에 가져다 대면 모양이 변합니다.

04 베이스플레이트를 클릭하면 **잠금**이 해제됩니다(이때 마우스 모양도 다시 풀린 자물쇠 모양으로 바뀝니다). 이제 베이스플레이트를 선택할 수 있습니다. 삭제하든 꾸미든 마음대로 할 수 있는 겁니다.

선택한 베이스플레이트는 오른쪽 클릭 후 삭제 항목을 선택하거나, 키보드의 Delete 버튼을 눌러 삭제할 수 있다.

로블록스 스튜디오 TIP!

잠금을 해제한 베이스플레이트를 다시 **잠금 도구**로 클릭하면, 또 선택할 수 없게 됩니다. 이렇듯 **잠금 도구**는 어떤 파트가 선택되지 않도록 잠그는 도구입니다. 건축이 끝나 더 이상 선택할 필요가 없는 파트나 모델을 **잠금 도구**로 잠금 해, 실수로 선택하지 않게 만들곤 해요. 특히 맵 바닥, 맵 바깥쪽 벽 등이 있으면 미리 **잠금** 해주면 좋습니다.

로블록스 스튜디오 TIP!
- 잠금 도구 안 쓰고
삭제하는 방법

탐색기에서 Baseplate 파트를 선택해 삭제하는 방법도 있습니다. 이때는 잠금을 굳이 해제하지 않아도 선택이 됩니다(탐색기는 **건축 시작 준비!** 유닛 30쪽의 04번 문단 참고).

CHAPTER 2.
특이한 파트들로
더 다양한 점프맵을 만들자!

킬파트, 체크포인트 파트도 특이한 파트이긴 하지만, 해당 파트들은 스크립트를 사용해서 만들었기 때문에 **Part 3. 코딩으로 만드는 점프맵**에서 다룹니다.

아직 건축이 더 하고 싶다면 여기 머물러도 되고, **Part 3.**으로 잠시 넘어갔다가 와도 됩니다.

UNIT 1 : 다양한 모양의 파트들!

01 로블록스에는 일반 직육면체 외에도 다양한 모양의 파트가 있습니다. 상단 메뉴 **모델**의 **파트** 버튼 아래쪽 화살표를 클릭합니다. **구**를 한번 선택해보세요.

02 구 모양 파트가 생성되었습니다. 새롭게 **앵커**도 해주고, **색칠**도 해줍시다. 저는 **Bright green(밝은 녹색)**으로 색칠했습니다. 구형 파트도 **나의 첫 점프맵 단계** 유닛과 똑같이 여러 개를 연이어 배치해주면 됩니다.(앵커와 색칠 방법도 **나의 첫 점프맵 단계** 유닛 참고)

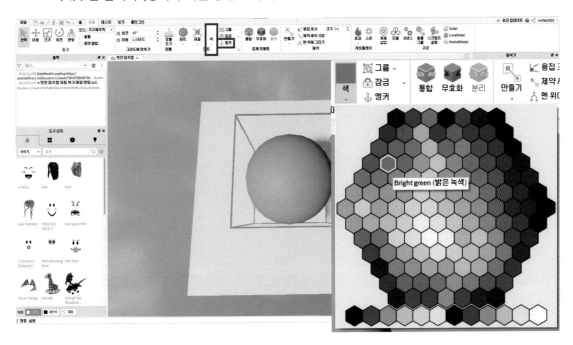

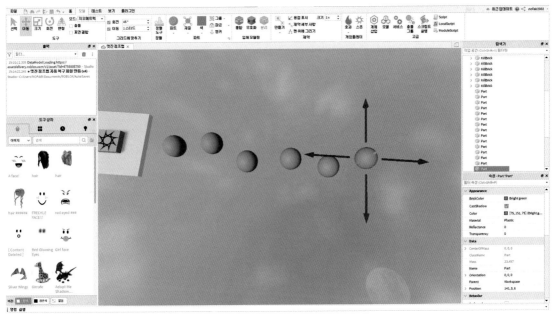

로블록스 스튜디오 TIP!

원통 파트, 쐐기형 파트도 있으니 한 번씩 꺼내서 사용해보세요!

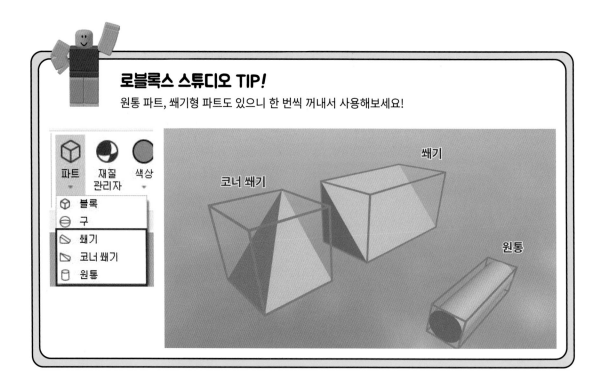

UNIT 2: 사다리 파트

01 이번에는 타고 오를 수 있는 특별한 파트를 꺼내 봅시다.

상단 메뉴 **모델**에서 **개체 삽입** 버튼을 클릭합니다. 검색으로 **TrussPart**를 찾아 더블클릭해주세요!

02 사다리 파트가 생성되었습니다.

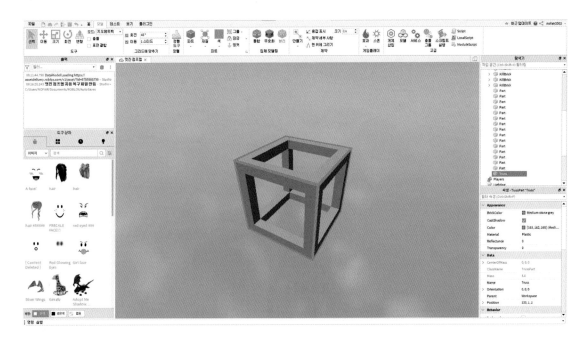

03 사다리 파트도 일반 파트와 똑같이 **크기 도구**로 길게 늘려줄 수 있습니다. 단, 다른 파트와 달리 2 스터드 단위로만 늘어납니다.

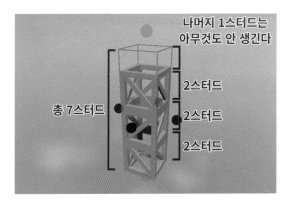

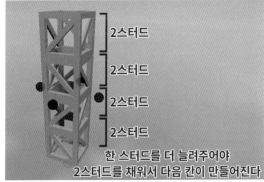

04 그리고 어느 한쪽으로 늘이면 다른 방향으로는 늘리지 못합니다.

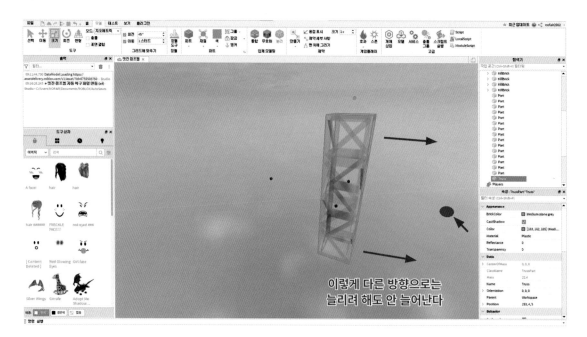

이렇게 다른 방향으로는
늘리려 해도 안 늘어난다

05 파트를 여러 개 생성하여 일렬로 세워줍니다. 이번엔 12 스터드씩 떼어주겠습니다.

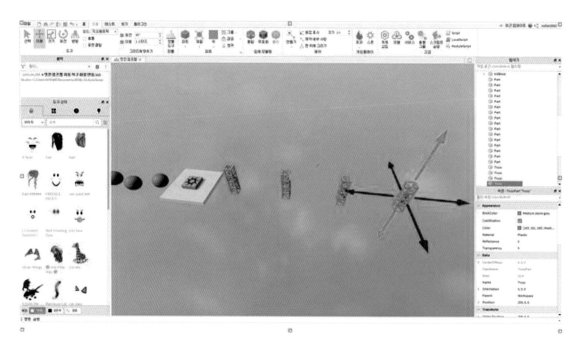

06 마무리로 색칠과 앵커도 잊지 마세요!(앵커와
색칠 방법은 **나의 첫 점프맵 단계** 유닛 참고)

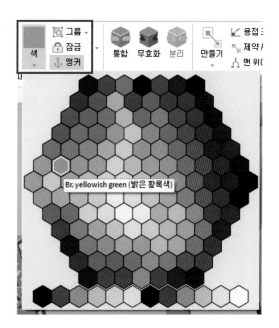

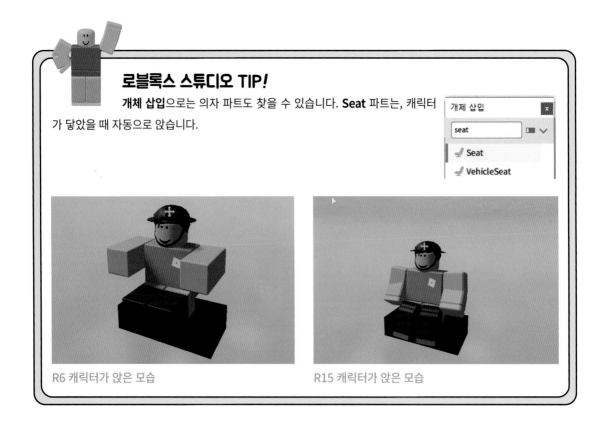

로블록스 스튜디오 TIP!

개체 삽입으로는 의자 파트도 찾을 수 있습니다. **Seat** 파트는, 캐릭터가 닿았을 때 자동으로 앉습니다.

R6 캐릭터가 앉은 모습

R15 캐릭터가 앉은 모습

UNIT 3 : 눈에 안 보이는 투명한 파트

01 새 파트를 하나 생성해줍니다. 새로운 색을 입히고, **앵커**도 해주었습니다.

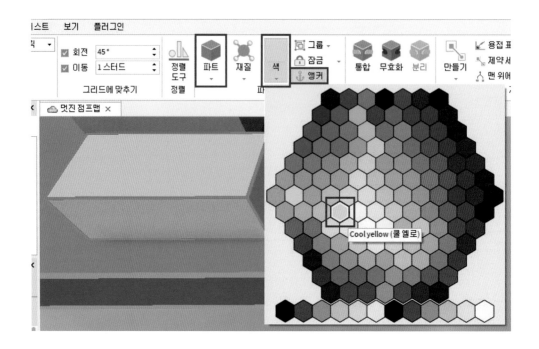

02 파트 **속성** 창을 확인합니다(30쪽 참고). **Transparency** 속성을 찾으세요. 처음엔 0으로 되어있는데, 이걸 1로 바꾸면?

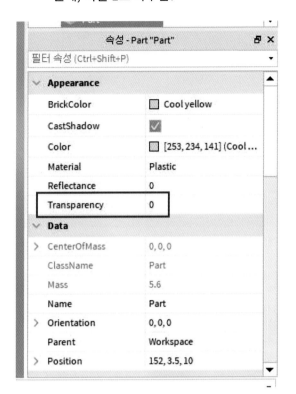 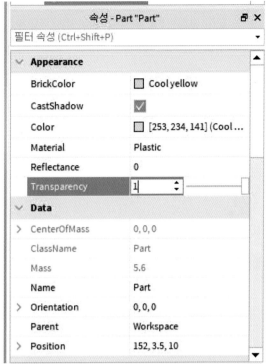

03 짜잔! 파트가 완전히 투명해져서 보이지 않게 되었습니다!

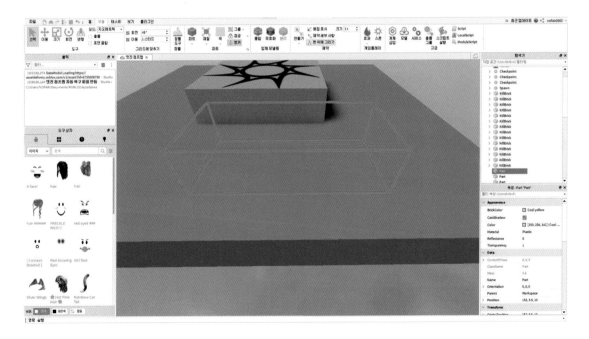

04 이렇게 투명해진 파트도 캐릭터가 밟거나 만질 수는 있습니다. 그래서 투명한 벽, 투명한 길, 창문(창문은 **Transparency**를 0.5 정도만 설정함) 등을 만들 때 이렇게 투명한 파트를 사용하곤 합니다.

캐릭터가 투명한 파트 밟고 서 있는 모습

05 완전히 투명하면 난이도가 지나치게 어려워지니, **Transparency**는 0.8 정도로 설정해 살짝은 보이게 해줍시다.

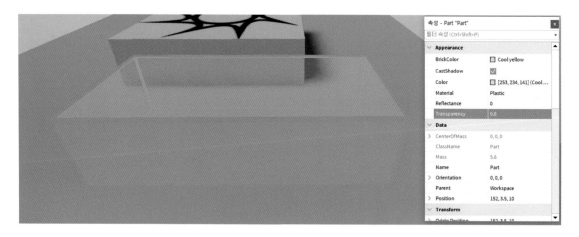

06 투명한 파트로 길을 이어줍시다.

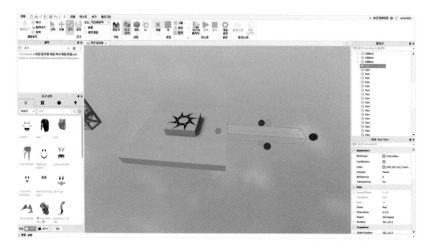

07 투명한 파트를 몇 개 더 준비해줍니다. 길을 중간에 확확 꺾어보세요. 통과하기 까다롭게 좁게 좁게
도 만들어보자고요(**첫 파트 배치하기** 유닛 참고)

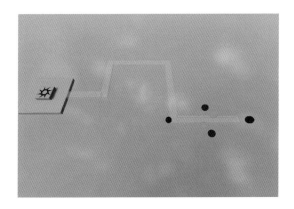 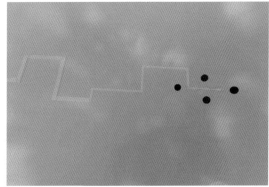

완성입니다!

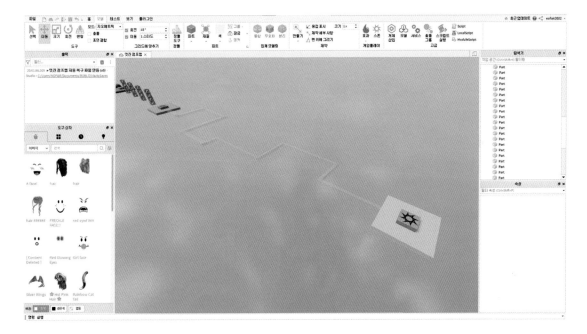

로블록스 스튜디오 TIP!

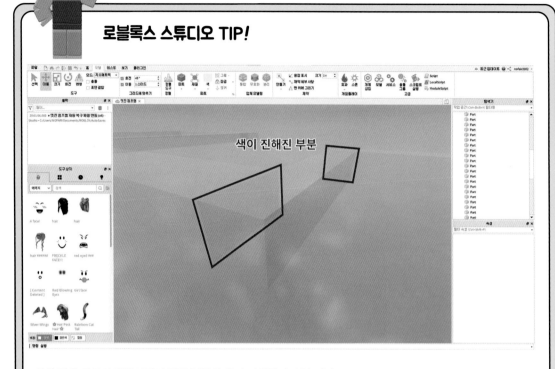

위와 같이 파트가 겹쳐지면서 특정 부분의 색이 진해질 수 있습니다.

그 경우, 파트의 재질을 **유리(Glass)**로 바꾸면 말끔히 해결됩니다.

*컴퓨터의 그래픽 성능이 낮은 경우 유리 재질이라도 효과가 없을 수 있습니다.

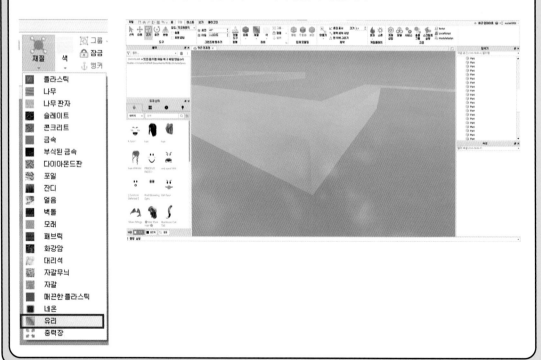

UNIT 4: 밟히지 않고 쑤욱 통과되는 파트

01 새 파트를 하나 생성해서 색도 칠하고 앵커도 해줍니다.

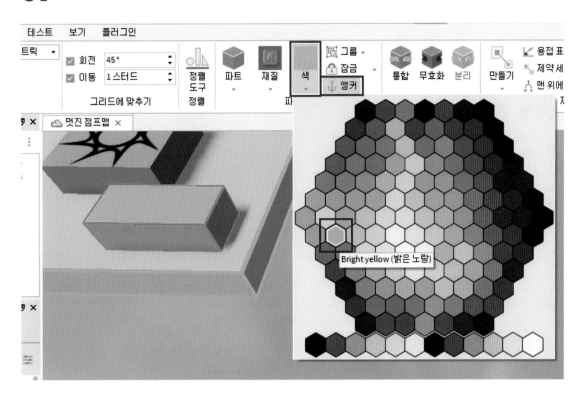

Bright yellow (밝은 노랑)

02 파트를 하나 길게 늘려주세요. 저는 18 스터드 늘려주었습니다. 파트 끝에 또 다른 파트를 설치해 줍니다. 크기는 (6, 1, 12)입니다.

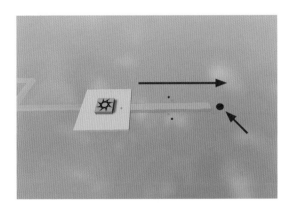

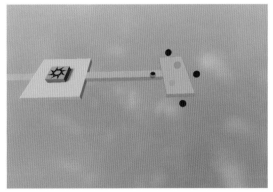

03 쭈욱 늘렸던 파트를 다시 선택하고, 속성 창을 확인합니다(30쪽 참고).

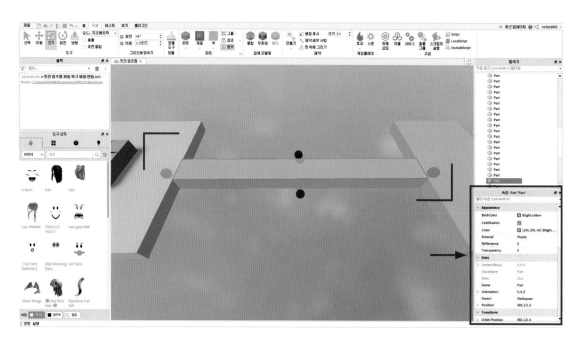

04 CanCollide 속성을 찾으세요. 중간 즈음에 있습니다.

05 CanCollide는 파트의 충돌 설정입니다. 이것을 끄면 더 이상 이 파트와는 충돌할 수 없습니다. 무슨 뜻이냐고요? 백문이 불여일견. 직접 해봅시다.

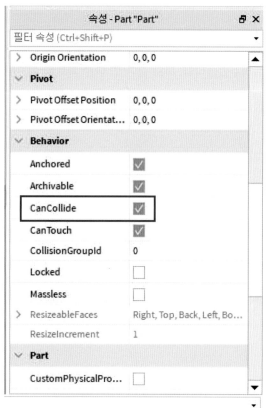

06 파트를 건너가려고 해보면, 발판을 밟지 못하고 떨어집니다!

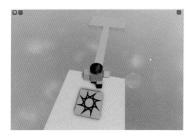  

파트가 쑤욱 통과되어 그대로 아래로
떨어졌습니다!

07 이런 식으로 가짜길을 만들 수 있습니다. 파트를 2개 더 복제해 양옆으로 배치해주고, 셋 중 하나만
CanCollide 속성을 체크해 건너갈 수 있도록 합니다.

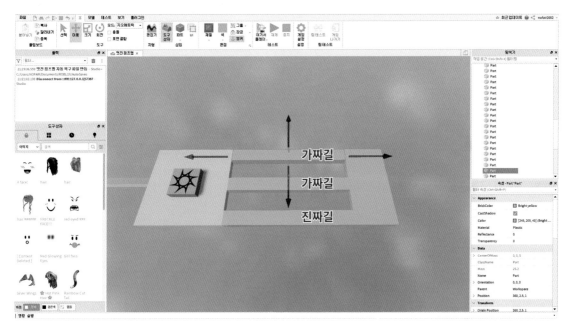

가짜길에는 CanCollide가 꺼져있고, 진짜 길에는 CanCollide가 켜져있다.

08 똑같이 한 세트 더 만들어 이어주
고 마무리합니다.

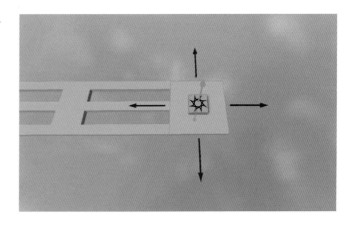

UNIT 5: 미끄러운 얼음 파트

01 새 파트를 하나 생성해주고, 색과 앵커도 설정해줍니다.

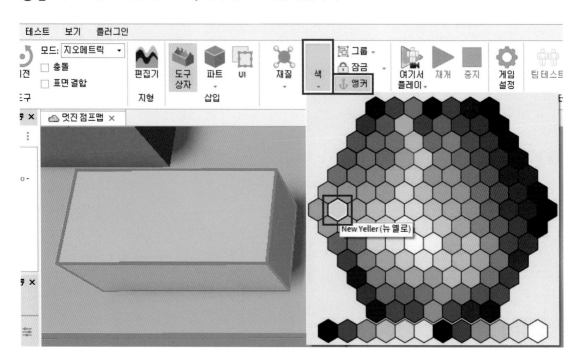

02 파트는 재질에 따라 무게, 마찰, 탄성 등이 달라지지만, 파트 재질과 상관없이 파트를 아주 무겁게 만들거나, 아주 미끄럽게 만들 수도 있습니다.

파트 **속성** 창에서(**30쪽 참고**)
CustomPhysicalProperties를 찾습니다.

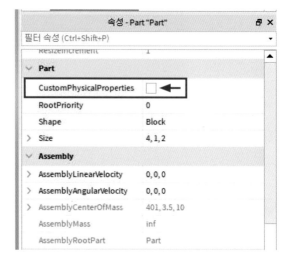

03 이 속성을 켜자 왼쪽에 화살표가 하나 나타났습니다. 화살표를 펼치자, 추가 항목들이 나타납니다.

CustomPhysicalProperties	✓
Density	0.7
Elasticity	0.5
ElasticityWeight	1
Friction	0.3
FrictionWeight	1

Density : 밀도입니다. 클수록 파트가 무거워집니다. (최소 0.01, 최대 100)

Elasticity : 탄성 계수입니다. 클수록 통통 잘 튑니다. (최소 0, 최대 2)

ElasticityWeight : 탄성가중치로, 이 파트의 **Elasticity** 값이 가중되는 수치입니다. (최소 0, 최대 100)

Friction : 마찰 계수입니다. 이게 작을수록 미끄러워집니다. (최소 0, 최대 2)

FrictionWeight : 마찰가중치로, 이 파트의 **Friction** 값이 가중되는 수치입니다. (최소 0, 최대 100)

04 우리는 아주 미끄러운 얼음 파트를 만들 것이기 때문에, **Friction 속성을 0으로 작게** 만든 후, **FrictionWeight는 100으로 아주** 크게 만들어서 미끄러운 비중을 아주 크게 만들어줍니다.

Friction	0
FrictionWeight	100

05 미끄러운 파트로 구성된 좁은 길을 만들어봅시다.

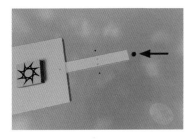
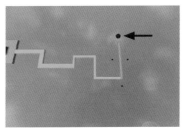

06 이제 직접 테스트하면서 미끄러져봅시다! 앞으로 과감히 전진합니다.

중간에 방향을 틀어보지만...!

안타깝게도 미끄러지면서 길 밖으로 떨어지고 마는군요.

로블록스 스튜디오 TIP! - 꾸미기 팁

파트 속성 중엔 **Reflectance**가 있습니다.

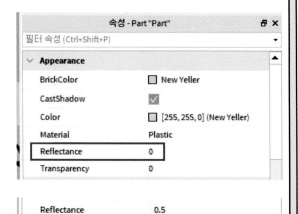

이 속성을 0.5로 바꿔보면,

왼쪽 파트 표면이 오른쪽처럼 하늘 배경을 비추기 시작합니다. 이러면 겉보기부터 미끄러워 보이지 않나요?

고수를 위한 로블록스 스튜디오 TIP!
- 마찰력이 적용되는 원리, 마찰가중치

두 파트가 닿았을 때 두 파트 사이의 마찰력은 다음과 같이 정해집니다.

$$\text{ActualFriction} = \frac{\text{Friction}_A * \text{FrictionWeight}_A + \text{Friction}_B * \text{FrictionWeight}_B}{\text{FrictionWeight}_A + \text{FrictionWeight}_B}$$

(* 기호는 곱하기를 뜻한다)

일반적으론 **FrictionWeight**(마찰가중치)가 양쪽 모두 1이므로 마찰력은 **Friction**(마찰 계수)의 평균으로 정해집니다.

만약 Friction이 각각 0.6, 0.4인 두 파트가 닿으면, 그때 적용되는 마찰 계수는 그 두 값의 평균인 0.5($\frac{0.6*1+0.4*1}{1+1}$)입니다. 그러나 만약 Friction이 0.6인 파트가 FrictionWeight가 4라면, 그때 적용되는 마찰 계수는 0.56($\frac{0.6*4+0.4*1}{4+1}$)으로 0.6에 보다 가깝게 계산되는 것을 볼 수 있습니다. 이렇게 어느 한 파트 쪽으로 마찰력 비중을 쏠리게 만드는 것입니다.

UNIT 6: 컨베이어 파트

01 **미끄러운 얼음 파트** 유닛에서 만들었던 얼음 파트는 적어도 가만히 있으면 아무렇지도 않지만, 이번에 만들 컨베이어 파트는 가만히 있어도 캐릭터가 옆으로 움직여서 자칫 잘못하면 파트 밖으로 떨어질 수도 있는 무시무시한 파트입니다.

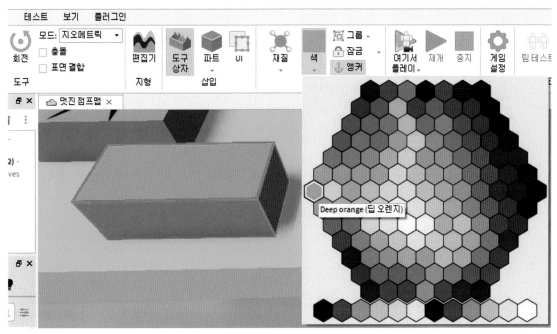

새 파트를 생성하고 앵커하고 색칠해줍시다.

02 아래와 같이 파트를 크게 만들어서 옆에 붙여주세요.

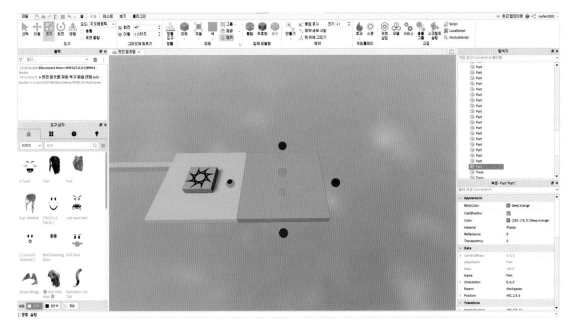

03 파트 속성에서 **AssemblyLinearVelocity**를 찾습니다. 아주 밑에 있어요. 이 속성을 다음과 같이 12, 0, 0으로 바꿔줍니다. 그러면 파트를 밟은 캐릭터가 오른쪽으로 이동하게 됩니다.

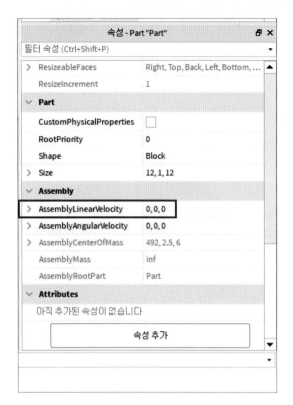

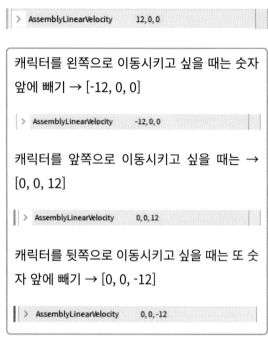

캐릭터를 왼쪽으로 이동시키고 싶을 때는 숫자 앞에 빼기 → [-12, 0, 0]

캐릭터를 앞쪽으로 이동시키고 싶을 때는 → [0, 0, 12]

캐릭터를 뒷쪽으로 이동시키고 싶을 때는 또 숫자 앞에 빼기 → [0, 0, -12]

04 테스트해봅시다. 캐릭터가 파트 위에 가만히 있어도, 자동으로 오른쪽으로 가다가 떨어집니다. 이때, 컨베이어 파트의 속도는 아까 설정한 속도 12이며, 1초에 12 스터드를 이동하고, 숫자를 더 크게 할수록 캐릭터가 더 빠르게 이동됩니다(참고로 캐릭터의 이동속도 기본값은 16이며, **여러 가지 게임 설정** 유닛 07번 문단에서 이동속도 값을 바꾸는 방법을 배웠습니다).

05 컨베이어 파트를 길게 늘려줍니다. 36 스터드까지 늘려주었어요.

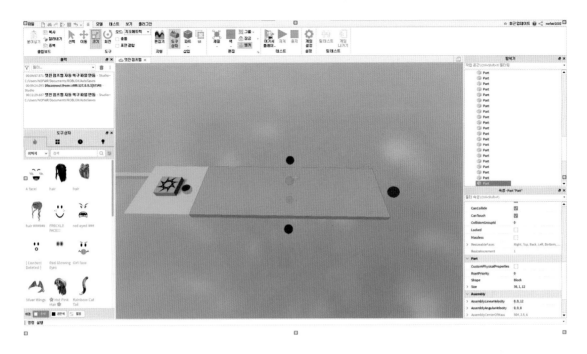

06 닿으면 죽는 킬파트를 가져와 배치해보았습니다(**PART 3. 코딩으로 만드는 점프맵**의 **킬파트, 데미지 파트 만들기** 유닛 참고). 꼭 컨베이어 파트 위에 킬파트를 놓아야 하는 것은 아니니, 자유롭게 선택하면 됩니다. 6 스터드마다 한 개씩 더 배치해줍니다.

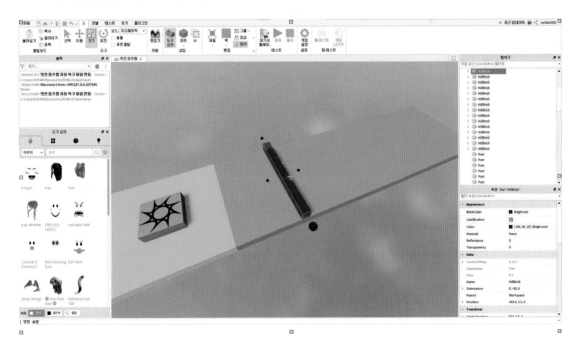

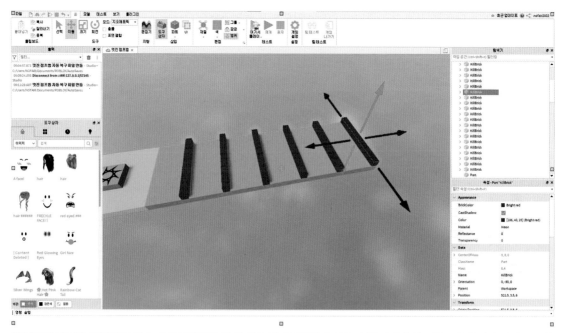

컨베이어 파트가 캐릭터를 계속 이동시키므로 이 단계를 클리어하려면 옆으로 떨어지지 않도록 조심하면서 킬파트도 하나하나 넘어가야 합니다! 엄청 어렵겠죠?

07 마무리 단계입니다. 컨베이어 파트를 한 번 더 선택해주세요. 그리고 재질을 모래(Sand)로 바꿔줍니다.

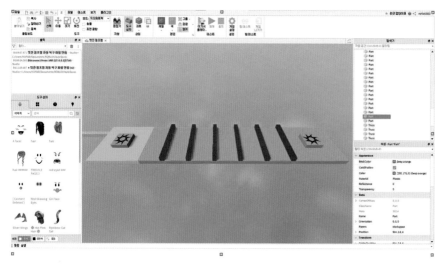

08 그러면 색이 약간 어두워지고, 표면의 텍스처도 바뀌었습니다.
이렇게 설정해주면 이 파트가 일반 파트와는 다르다는 경고를 미리 줄 수 있겠죠?

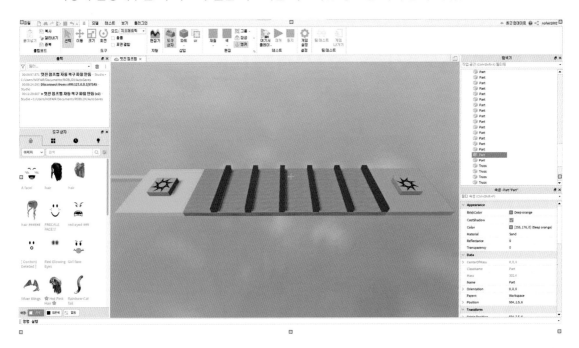

재질 적용 전

재질 적용 후

CHAPTER 3.
움직이는 파트로
더욱 스릴있는 점프맵을!

이제는 바닥마저 위태롭게 흔들린다! 파트를 앵커 하지 말고 밧줄에 매달아 흔들리게 만들어봅시다!

01 새 파트를 생성하고 색칠, 앵커 해줍니다. 크기는 (2, 1, 2)입니다.

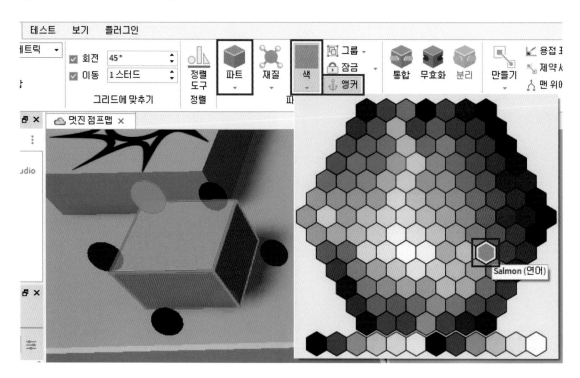

02 그리고 같은 색의 파트를 하나 더 생성하되, 이번엔 **앵커를 하지 않습니다.** 이 파트의 크기는 (4, 1, 4)로 하겠습니다.

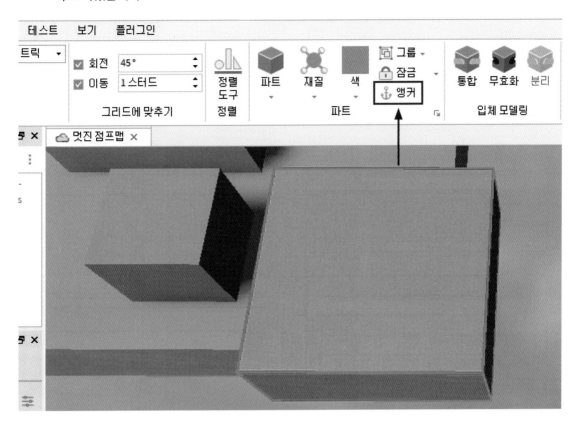

03 큰 파트는 4 스터드 정도 떨어뜨려 배치합니다.

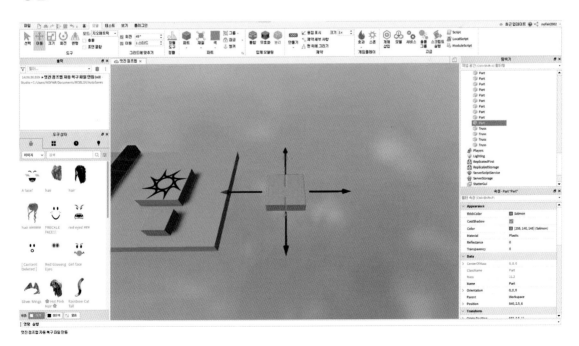

04 작은 파트는 큰 파트에서 12 스터드 위에 배치합니다.

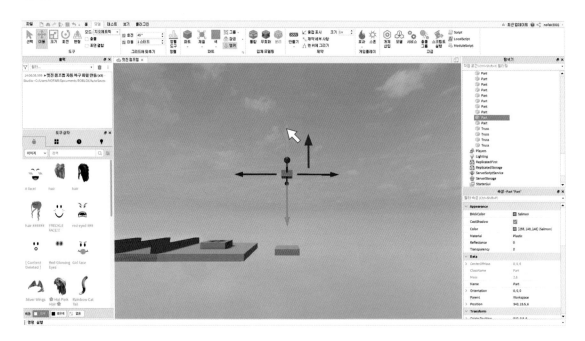

05 이제 파트에 밧줄을 연결해봅시다. 상단 메뉴 **모델**에서 **만들기**를 클릭
합니다. **첨부**를 클릭합니다.

06 위쪽 파트의 아래쪽 정중앙을 클릭하면 초록색 점이 한 개 설치됩니다. 이것을 이제부터 **연결부**라고 부르겠습니다(영어 명칭: **Attachment**). 밧줄을 여기다가 연결할 것이에요.

07 아래쪽 파트의 각 꼭짓점에도 하나씩 설치해주겠습니다.

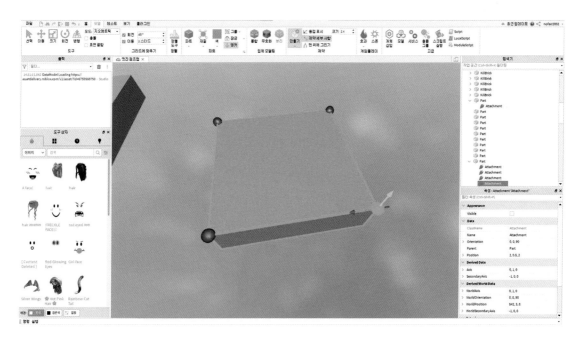

만약 설치한 **연결부**가 안 보인다면,

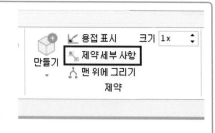

만들기 오른쪽의 **제약 세부 사항** 버튼을 켜주세요.
크기로 연결부의 크기도 조절할 수 있고,
맨 위에 그리기를 선택하면 파트 뒤에 가려진 **연결부**도 보이게 할
수 있습니다.

연결부를 그만 설치하고 싶을 땐, 다시 **선택 도구**를 클릭하면 마우스가 원래대로 돌아옵니다.

08 이제 밧줄을 준비해줍시다. 위쪽 파트에 설치된 연결부를 선택해주세요. 연결부를 선택한 상태에서 만들기를 클릭, 밧줄을 선택해주세요.

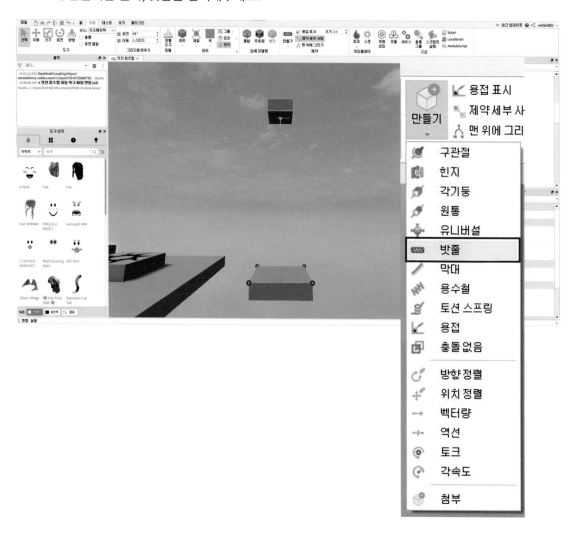

09 그리고 밧줄을 아래쪽 파트의 연결부로 이어줍니다. 나머지 꼭짓점에도 똑같이 이어주세요.

10 아래쪽 파트는 **앵커**가 되어있지 않으므로, 이제 누가 올라타면 밧줄에 매달려 이리저리 흔들릴 겁니다.

11 마지막으로 밧줄 파트 두 개를 선택하고 그룹해서 모델로 만들어줍니다.
(파트 2개 동시에 선택하는 방법은 **나의 첫 점프맵 단계** 유닛의 04번 문단 참고, 그룹하기는 **첫 파트 배치하기** 유닛의 03번 문단의 7번 항목 참고)

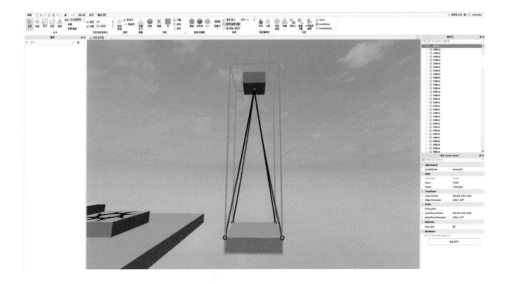

12 이제 이 그룹을 하나씩 복제해 여러 개 배치해줍시다. 저는 4 스터드 간격으로 배치했어요.

 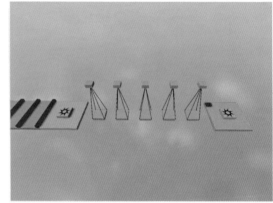

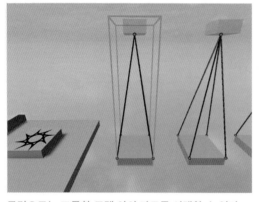 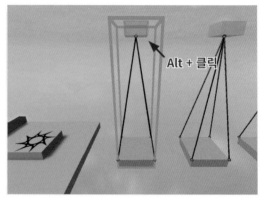

로블록스 스튜디오 TIP!

위쪽 파트가 머리에 걸리거나 카메라를 가려 불편하다면, 해당 파트 속성에서 **CanCollide**를 해제하고 **Transparency**를 조절해주어도 됩니다(각각 **밟히지 않고 쑤욱 통과되는 파트** 유닛과 **눈에 안 보이는 투명한 파트** 유닛 참고).

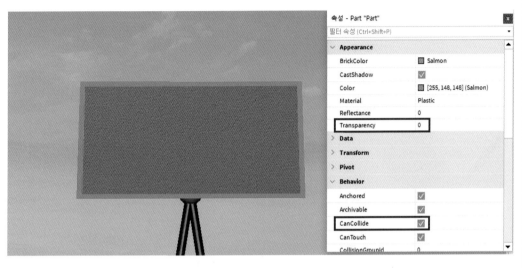

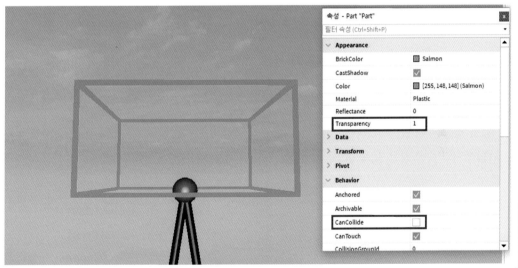

UNIT 2: 밧줄 파트 더 자세히 파헤치기!

01 사실 밧줄을 설치할 때 미리 연결부부터 설치할 필요는 없습니다. 밧줄만 바로 만들어도 자동으로 연결부가 생성되니까요.

02 탐색기에서 파트 안을 열어보면 **밧줄 개체(Rope)**가 들어있는 것을 볼 수 있습니다. 밧줄은 선택한 후 속성 창에서 속성도 수정할 수 있습니다.
(탐색기와 속성 창은 30쪽 참고)

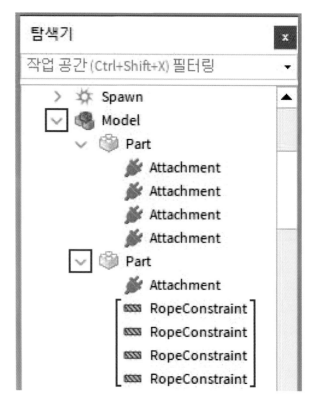

로블록스 스튜디오 TIP! - 밧줄 속성 창 설명

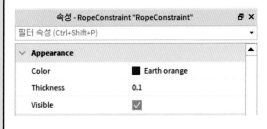

Color : 밧줄의 색깔입니다.

Thickness : 눈에 보이는 밧줄의 두께입니다.

Visible : 밧줄이 눈에 보이는지 여부입니다. 이 속성을 끄면 밧줄이 투명해집니다.

CurrentDistance : 현재 밧줄이 늘어난 거리입니다. 읽기만 가능합니다.

Length : 밧줄의 길이입니다. 스터드 단위입니다.

Restitution : 밧줄의 탄성입니다. 높게 설정할수록 고무줄에 가까운 특성을 보입니다. (최소 0, 최대 1)

Attachment0, Attachment1 : 밧줄이 연결된 연결부 개체(Attachment)를 각각 하나씩 나타냅니다. 이걸 바꿔서 다른 연결부로 연결할 수도 있습니다.

❸3 밧줄은 속성에서 설정된 길이(Length) 이상으로 길어지지 못합니다. 그러나 스튜디오로 편집할 땐 얼마든지 늘릴 수 있는데요, 게임을 실행하면 다시 원래 길이로 돌아옵니다.

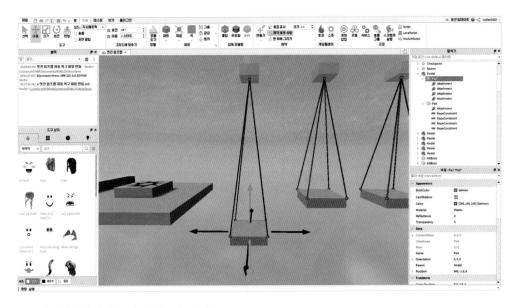

스튜디오 화면에서 밧줄 길이를 늘려놓았다.

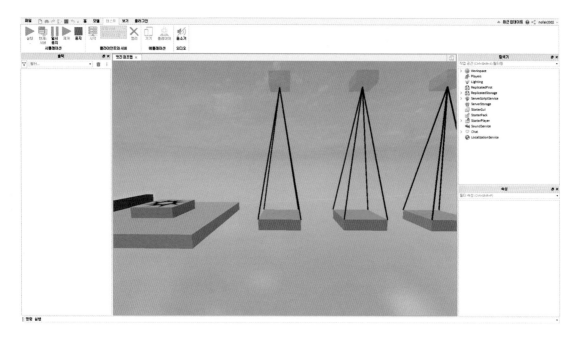

하지만 게임 상에서는 적용되지 않았습니다.

04 만약 밧줄 길이 자체를 늘리고 싶다면 어떻게 해야 할까요? 밧줄 속성을 보면 **CurrentDistance**(현재 밧줄이 늘어난 거리)와 **Length**(밧줄의 길이)가 나와 있습니다. **CurrentDistance**에 나타난 숫자에 맞춰 **Length** 값을 수정해주면 됩니다. 그럼 현재 거리만큼 밧줄의 길이가 늘어납니다.

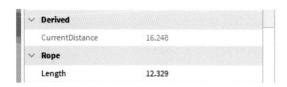

05 만약 밧줄 길이는 유지한 채, 파트 위치만 옮기고 싶다면 어떻게 해야 할까요?

상단 메뉴 **모델**의 **모드: 지오매트릭** 부분을 주목합니다. **모드를 물리**로 바꿔주세요.

지오메트릭 옆의 삼각형을 클릭하여 모드를 물리로 바꿔줍시다.

06 이제 **이동 도구**로 파트를 움직여보면 아래쪽으로는 아예 움직이지도 못하고 화면 기준 오른쪽으로 움직여보면, 밧줄 길이보다 멀어지지 못하고, 위쪽으로 뜨기 시작합니다.

07 모드를 물리로 바꾸면 이렇게 실제 게임처럼 파트 이동에 **제약**이 생깁니다. 참고로 **앵커**가 된 파트는 아예 움직이지도 못합니다. 실제 게임과 똑같이 말이에요(예를 들어, 체크포인트 밑의 파트는 앵커가 되어있어 아예 움직이지 않음).

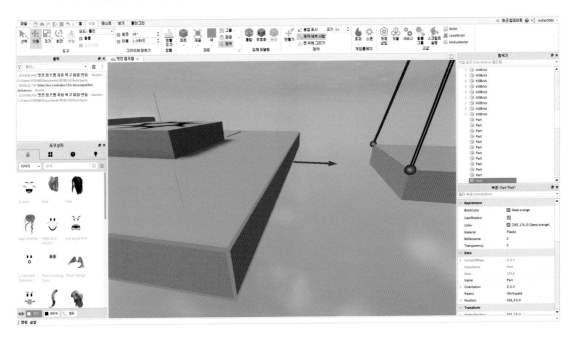

08 밧줄 파트에는 문제점이 하나 있습니다. 한 번 거세게 흔들리기 시작하면 도저히 멈출 기미를 보이지 않습니다! 끝없이 계속 흔들려서, 도저히 건널 수가 없어요!

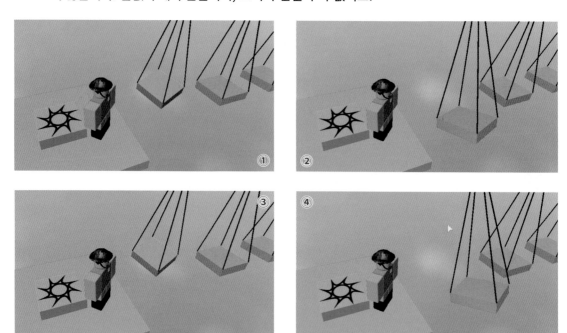

파트가 멈추지 않고 계속 움직입니다. 시간이 지나면 자연스럽게 멈추도록 따로 힘을 가해 봅시다.

09 밧줄 파트와 크기가 같은 파트를 하나 더 만듭니다.

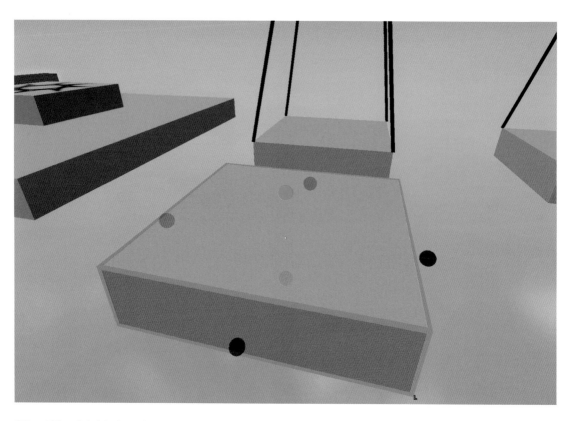

1○ 탐상단메뉴 **모델**에서 **만들기**로 들어갑니다. **위치 정렬**(AlignPosition)을 선택해주세요.

위치 정렬(AlignPosition) 개체는 파트에 힘을 가해 파트가 특정 위치를 유지하도록 해줍니다. 밧줄 파트가 흔들려도, 원래 위치로 돌아갈 수 있게 해주는 겁니다.

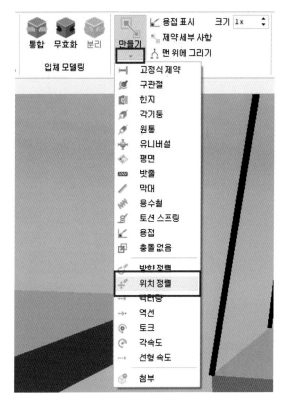

위치 정렬(AlignPosition)을 누르면 위와 같이 마우스 포인터가 바뀐다.

11 **BodyPosition**의 밧줄 파트를 클릭하고, 새로 만든 파트를 클릭해 서로 연결해주세요 (새로 만든 파트를 이미 선택 중이었다면 허공을 클릭해 취소하고, 생성된 연결부는 삭제합니다)

12 만들기 버튼 옆에 '**제약 세부 사항**'을 선택하면, 두 파트가 서로 연결된 걸 확인할 수 있습니다. 또한, '**맨 위에 그리기**'를 선택하면, 연결부가 파트에 가려지지 않습니다.

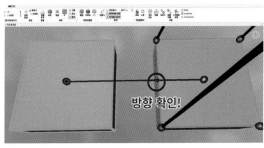

연결부의 화살표 방향을 확인해주세요. 가운데 선의 화살표가 오른쪽으로 향하면 안 됩니다. 11번으로 돌아가서 다시 만들어주세요.

13 새로 만든 파트는 앵커하고, Transparency 속성은 1, CanCollide 속성은 꺼줍니다. (각 속성의 기능은 눈에 안 보이는 투명한 파트, 밟히지 않고 쑤욱 통과되는 파트 유닛 참고)

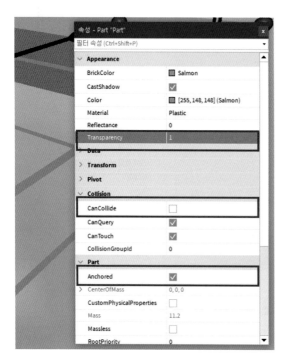

14 밧줄 파트를 선택합니다. 속성 창에서 Mass 를 확인합니다. 파트의 질량입니다. (Alt 버튼을 꾹 누르면서 클릭하면 모델 안의 파트만 선택됩니다)

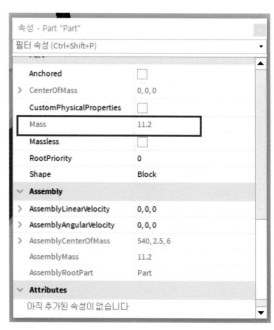

15 탐색기에서 파트 안을 살펴보면 AlignPosition 개체가 보입니다. AlignPosition 개체는 밧줄 파트를 투명한 파트 위치로 힘을 가해줍니다.

16 새로 만들었던 파트 안에는 Attachment1 개체가 있습니다.

17 Position 속성을 0,0,0으로 설정합니다. 그래야 새로 만들었던 파트의 정중앙을 향해 밧줄 파트에 힘이 가해집니다.

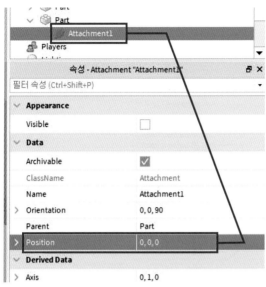

파트의 Position속성과 달리, Attachment의 Position은 파트 기준 위치를 나타냅니다.

18 마지막으로 새로 만든 파트를 밧줄 파트와 일치하도록 겹칩니다.
(만일 겹쳐지지 않는다면 건축 시작 준비! 유닛의 31쪽 06번 문단 참고)
이렇게 하여 밧줄 파트가 흔들리더라도, 새로 만들었던 파트를 배치한 원래 위치로 돌아오게 됩니다.

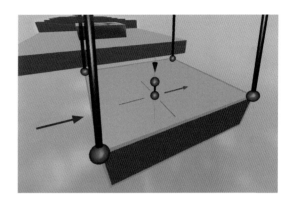

19 새로 만든 파트도 밧줄 파트 모델에 넣습니다.

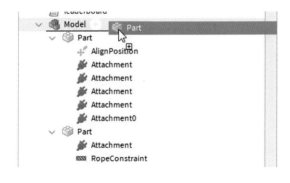

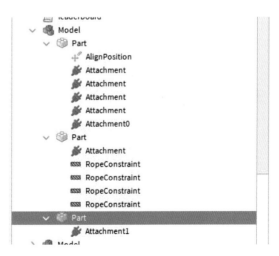

20 위치가 완료되었으면 방향도 원래대로 돌아오게 해봅시다.

탐색기에서 밧줄 파트에 AlignOrientation(방향 정렬)을 추가합니다.

밧줄 파트의 방향을 투명 파트에 맞춰줄 개체입니다.

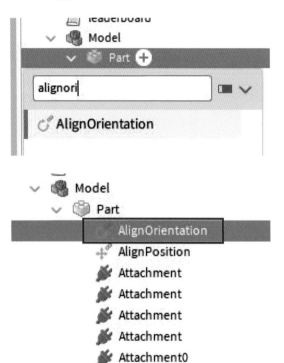

22 나머지 속성은 AlignPosition(위치 정렬)과 비슷합니다. MaxTorque 에는 파트 질량을, MaxAngularVelocity, Responsiveness 는 5로 설정합니다.

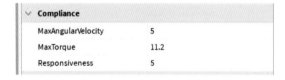

Compliance	
MaxAngularVelocity	5
MaxTorque	11.2
Responsiveness	5

21 AlignOrientation의 Attachment0, Attachment1 속성을 각각 밧줄 파트의 Attachment0, 투명 파트의 Attachment1 로 설정합니다.

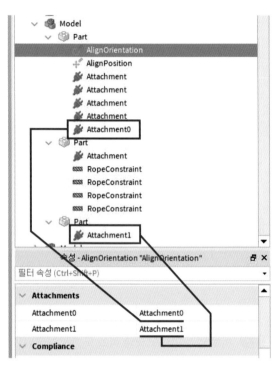

23 마지막으로 테스트를 통해 밧줄 파트를 확인합니다.

반응속도가 느리다면 Responsiveness 속성값을 수정해주세요. 만약 밧줄 파트가 시작하자마자 어느 한쪽으로 돌아간다면, 투명 파트가 밧줄 파트와 다른 방향을 보고 있는 것이니 따로 투명 파트를 회전해주세요.

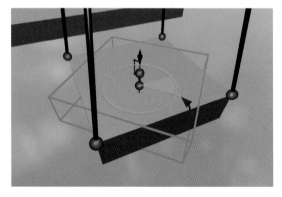

UNIT 3 : 킬파트가 같이 붙은 밧줄 파트

점프맵 난이도를 계속 높여봅시다. 이번에는 밧줄 파트에 킬파트를 붙이는 겁니다!

킬파트가 없다면 **킬파트, 데미지 파트 만들기** 유닛을 참고하세요.

01 대롱대롱 밧줄에 매달린 **파트** 유닛에서 만든 밧줄 모델을 하나 복제해 가져옵니다.

저는 새로운 파트를 **Persimmon(감)** 으로 색칠했습니다.

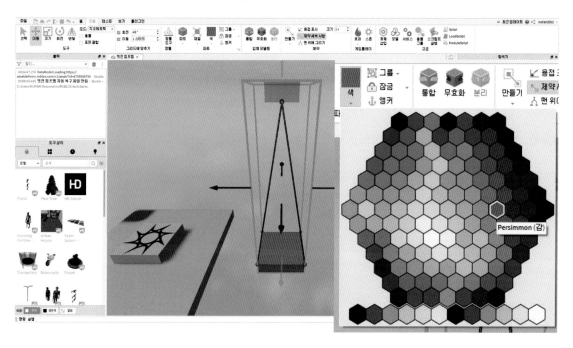

02 킬파트도 가져와서 한쪽 모서리를 따라 배치합니다.

(킬파트, 데미지 파트 만들기 유닛을 참고)

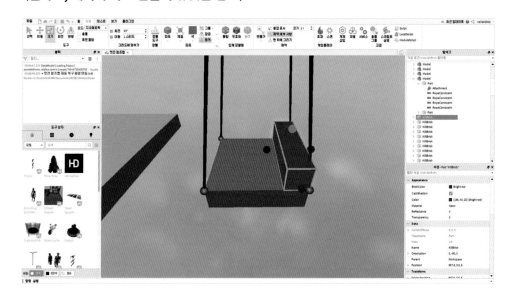

03 여기서 문제점이 있습니다. 킬파트는 앵커가 되어있기 때문에 밧줄 파트와 함께 흔들리지 않습니다.

앵커를 하게되면 킬파트가 움직이지 않는다.

04 하지만 앵커를 해제하면 킬파트는 밖으로 떨어져 버립니다.

 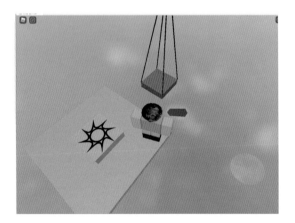

앵커를 하지 않으면 밧줄 파트 아래로 떨어진다.

05 밧줄 파트와 킬파트를 서로 붙여주는 방법은 없을까요? 앵커는 해제한 상태 그대로 두고, 상단 메뉴 **모델**에서 **만들기**로 들어갑니다. **용접(WeldConstraint)**을 선택해주세요. 마우스 커서가 다음 그림으로 변합니다.

마우스 커서가 용접기 모양으로 바뀐다.

06 킬파트를 클릭하고, 밧줄 파트를 클릭해 서로 연결해주세요.
(킬파트를 이미 선택 중이었다면 바로 밧줄 파트만 클릭합니다)

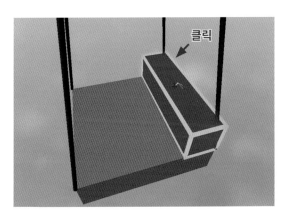

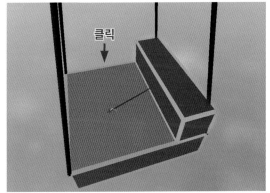

07 탐색기를 보면 킬파트에 **WeldConstraint**라는 개체가 새로 추가되었고,

08 만들기 버튼 옆에 '**용접 표시**'와 '**맨 위에 그리기**'를 선택하면, 초록색 선으로 킬파트와 밧줄 파트가 연결된 걸 확인할 수 있습니다.

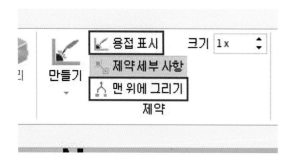
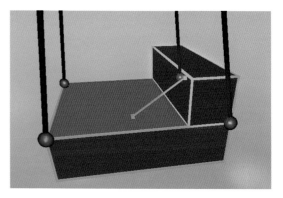

09 테스트해보면 킬파트와 밧줄 파트가 꼭 붙어서 같이 흔들립니다.

킬파트의 질량이(무게가) 밧줄 파트의 영향을 주는 것이 싫다면, 킬파트의 속성 중 **MassLess**를 켜면 됩니다.

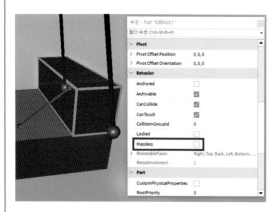
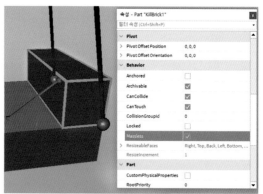

용접(WeldConstraint)으로 연결된 파트들 중 일부를 이 방법으로 질량을 없앨 수 있습니다. 참고로 무엇과도 연결되지 않은 파트나, 용접으로 연결된 파트들 전체의 질량을 없애는 건 불가능합니다. 어디까지나 일부만 가능합니다.

┃◯ 킬파트도 이제 밧줄 파트 모델 안에 같이 넣어줍시다.

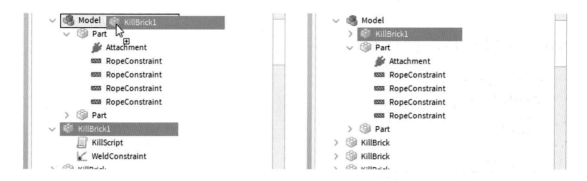

┃┃ 마지막으로 같은 모델을 여러 개 나열해 마무리합니다.

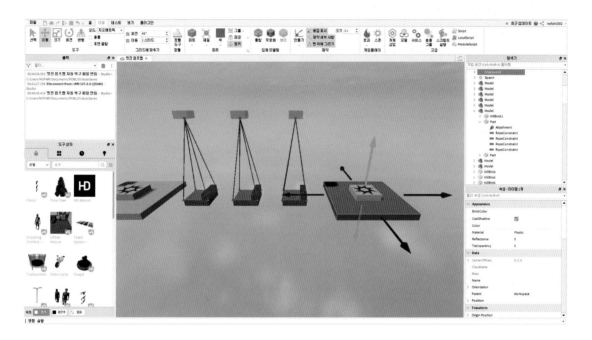

로블록스 스튜디오 TIP!

밧줄 파트 안 BodyPosition의 Position 속성을 변경하는 것을 잊으시면 안됩니다!

(밧줄 파트 더 자세히 파헤치기! 유닛의 86쪽 참고)

UNIT 4: 빙글빙글 돌아가는 파트

01 새 파트를 생성하고, 앵커와 색을 설정해줍니다.

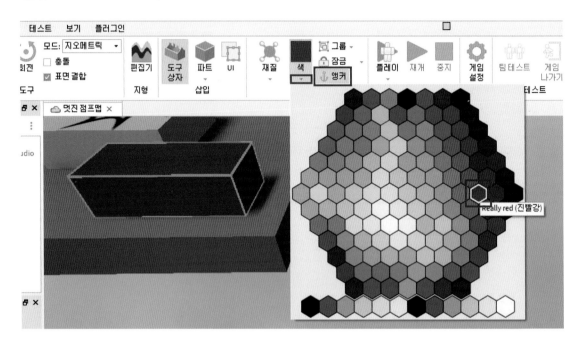

02 파트 크기는 (4, 1, 4)로 하고, 4 스터드 떨어진 위치에 두겠습니다.

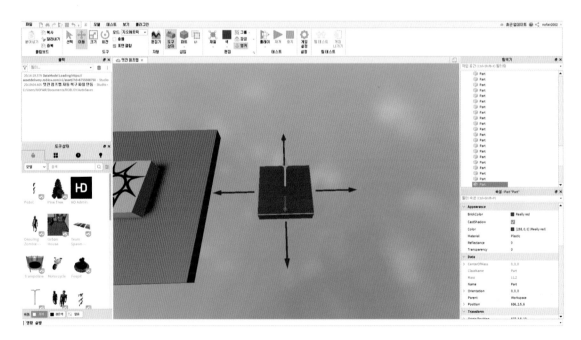

03 파트를 복제하고, 복제된 파트는 28 스터드 더 오른쪽으로 옮깁니다.
(복제 방법은 **첫 파트 배치하기** 유닛의 03번 문단 5번 항목 참고)

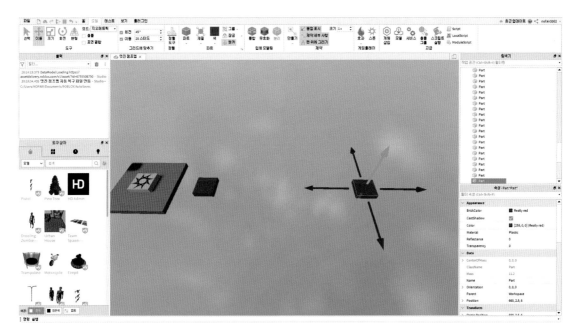

04 마우스 드래그로 상자를 그리거나, Shift를 꾹 누른 상태에서 두 파트를 선택합니다.

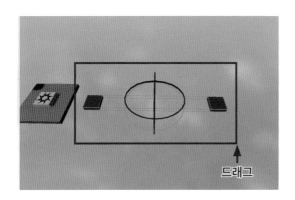

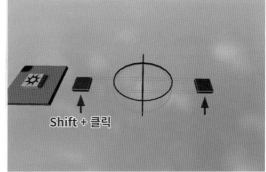

05 두 파트를 복제하고, 회전 도구를 이용해 회전시켜줍니다.(35쪽 하단 참고)

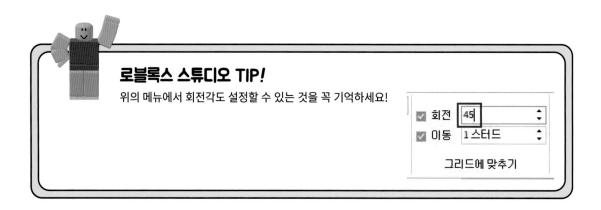

로블록스 스튜디오 TIP!

위의 메뉴에서 회전각도 설정할 수 있는 것을 꼭 기억하세요!

06 그리고 정중앙에 파트를 하나 더 배치합니다.

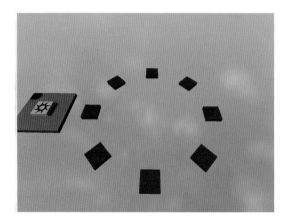 

07 킬파트를 준비해줍니다. (**킬파트, 데미지 파트 만들기** 유닛 참고)

킬파트가 싫다면 대신에 일반 파트로 벽 등을 설치해주어도 좋습니다.

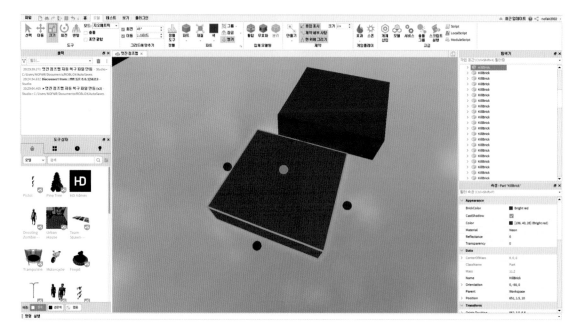

08 파트 한쪽에서 건너편 끝까지 뻗도록 길게 만들어주세요. 킬파트를 정중앙 파트 중앙에 배치해주세요.

 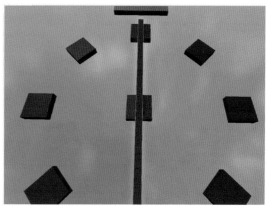

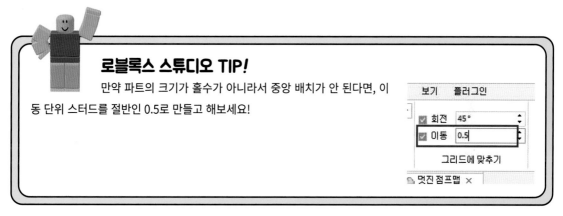

로블록스 스튜디오 TIP!

만약 파트의 크기가 홀수가 아니라서 중앙 배치가 안 된다면, 이동 단위 스터드를 절반인 0.5로 만들고 해보세요!

09 킬파트를 회전시킬 겁니다. 회전축을 만들어줄 거예요. 킬파트를 1~2 스터드 정도 바닥에서 떼어줍니다.

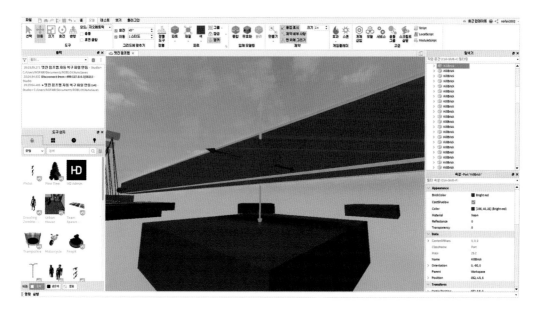

10 상단 메뉴 모델의 만들기에서 **힌지(HingeConstraint)**를 클릭합
니다. **힌지**는 로블록스의 파트를 회전시켜주는 개체입니다.

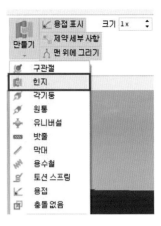

11 중앙 파트 한가운데를 클릭하고, 킬파트 아랫면의 중앙으로 이어줍니다.

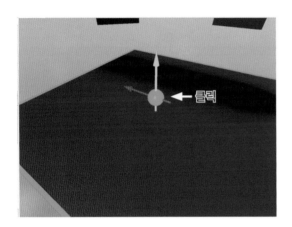

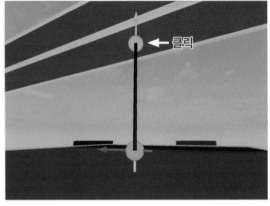

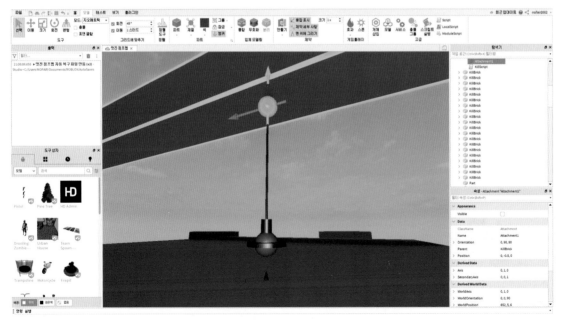

힌지가 만들어졌습니다.

12 갈색 부분을 클릭하면, 탐색기에는 **HingeConstraint**라는 개체가 보이고, 속성 창에서 이 개체를 설정해줄 수 있습니다.

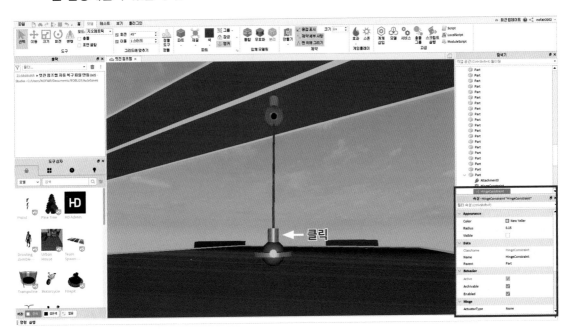

13 속성 중 **ActuatorType**을 찾아 **Motor**로 바꿔주세요.

14 그러자 숨겨져 있던 새로운 속성들이 등장했습니다.

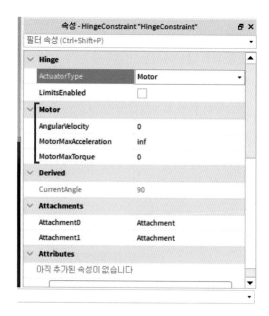

AngularVelocity : 목표 회전 속도입니다. 3.14를 쓰면 1초당 약 반 바퀴를 돕니다. 반대 방향으로 돌아가게 하고 싶으면 숫자 앞에 빼기(-)를 붙입니다. (rad/sec)

MotorMaxAcceleration : 목표 회전 속도를 달성하기 위한 최대 가속입니다. 'inf'라고 쓰여 있음은 무한(infinity)이라는 뜻입니다. (rad/sec)

MotorMaxTorque : 목표 회전 속도를 달성하기 위해 가할 수 있는 최대 힘입니다.

중간에 장애물에 막혀 목표 속도보다 많이 뒤처지면 속도를 조금 더 내서 다시 원래 위치로 재빨리 돌아가야 합니다. 그때 속도를 어디까지 낼 수 있느냐를 나타내는 것이 **MotorMaxAcceleration**입니다.

파트를 움직이려면 힘을 가해야 하고, 만약 누가 앞을 가로막으면 힘을 조금 더 가해야 계속 움직일 수 있습니다. 힌지가 가할 수 있는 최대 힘이 **MotorMaxTorque**입니다.

15 저는 **AngularVeocity**는 2로(1~3 정도가 적당), **MotorMaxAcceleration**과 **MotorMaxTorque**는 둘 다 inf로 설정하겠습니다.

MotorMaxAcceleration 속성을 클릭해보면 사실 무한(inf)이 아니고 그냥 커다란 숫자가 적혀 있는 걸 알 수 있습니다.

16 그 숫자는

179769313486231570814527423731704356798070567525844996598917476803157260 78002853876058955(이하생략......) 이며, 이것을 그대로 복사해 MotorMaxTorque에도 붙여 넣겠습니다. 그럼 똑같이 inf로 변합니다.

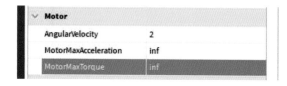

17 이제 저렇게 무지막지한 힘을 지닌 파트의 회전을 막을 자는 없습니다. 물론 앵커는 저것도 막습니다. 잊지 말고 앵커를 해제해줍시다.

18 마지막으로 킬파트를 이제 아래쪽 파트와 붙여주고,

클릭 후 아래로 내려서 파트와 붙여준다.

19 반대쪽에 새로운 체크포인트를 두고 테스트합니다.
   (**체크포인트 파트 만들기** 유닛 165쪽 참고)

킬파트가 돌아가고 있다.

UNIT 5: 맵 전체가 회전한다!

01 킬파트를 덕지덕지 붙인 거대한 직육면체가 회전하는 맵을 만들어봅시다. 이번 유닛에서는 무엇을
만들지 미리 완성본을 보여드리겠습니다.

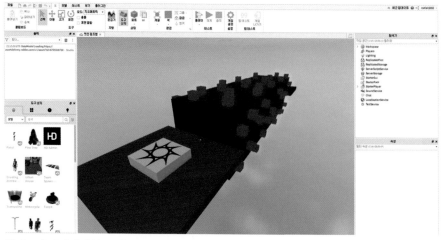

킬파트가 이리저리 붙은 거대한 맵이 회전할 것입니다.

02 **킬파트가 같이 붙은 밧줄 파트** 유닛에서는 움직이는 파트에 킬파트를 붙일 때 **용접 (WeldConstraint)**를 사용했습니다. 그런데 이렇게 많은 파트를 일일이 용접하는 것은 힘든 일입니다. 그래서 이번 유닛에서는 다른 방법을 사용할 것입니다. 언제나처럼 파트를 생성해주고, 색칠해줍니다. 회전시킬 것이므로 **앵커는 하지 않습니다.**

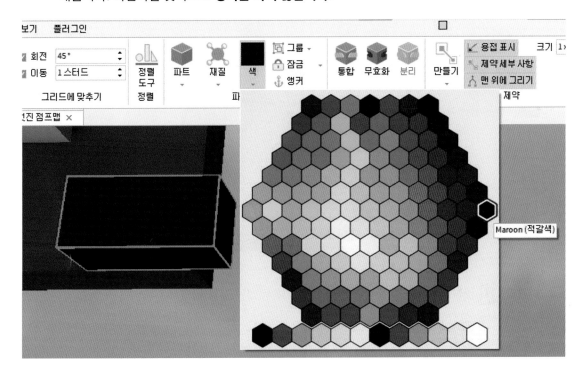

03 파트를 거대한 직육면체로 키워줍니다. 저는 크기를 (9, 9, 36)으로 하겠습니다.

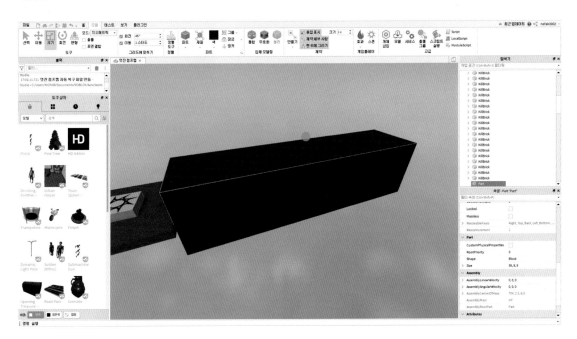

04 체크포인트 아래 파트와 붙여주고, 중앙이 맞는지 확인합니다.

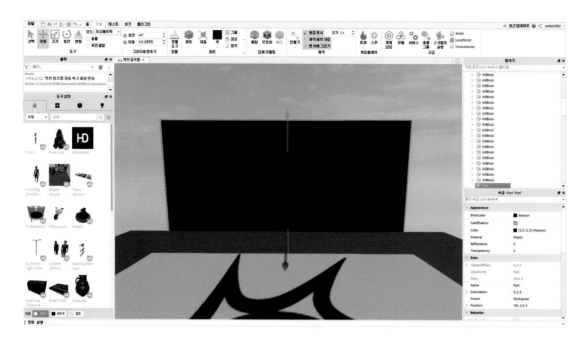

05 **힌지** 설치 과정은 **빙글빙글 돌아가는 파트** 유닛에서 했던 것과 거의 똑같습니다. 파트를 살짝 때준 후, 힌지를 설치해줍니다.

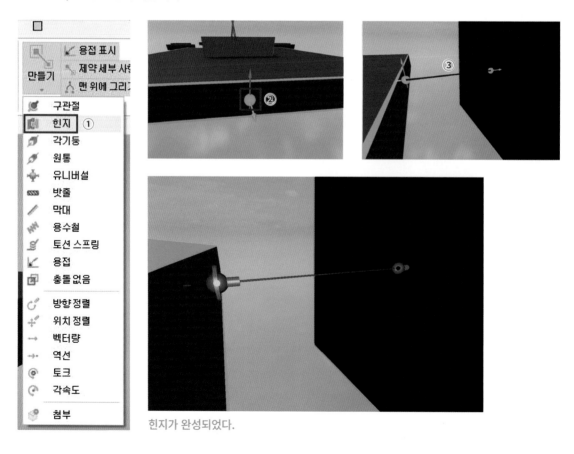

힌지가 완성되었다.

06 힌지의 속성은 다음과 같이 설정했습니다. 속도(AngularVelocity)를 조금 느리게 했어요.

각 속성에 대한 설명은 빙글빙글 돌아가는 파트 유닛 참고

07 힌지 설정 끝! 파트는 다시 붙여줍니다.

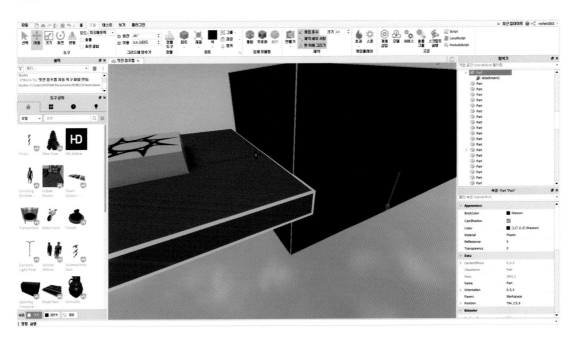

08 이제 킬파트를 준비합니다. 킬파트가 크면 난이도가 기하급수적으로 상승하니까 작게 해두겠습니다(**킬파트, 데미지 파트 만들기** 유닛 참고). 그리고 **앵커**가 켜져 있다면 **잊지 말고 해제**합니다.

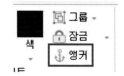

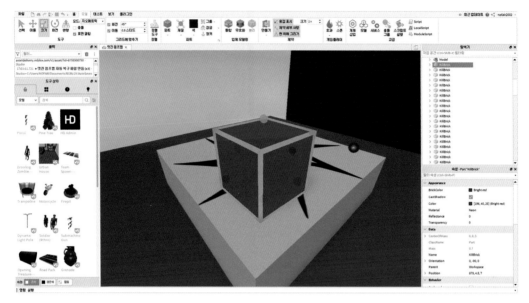

킬파트의 크기는 1.1.1 입니다.

09 이제 킬파트를 여기에 붙여줄 차례입니다. 상단 메뉴 **모델**에서 **표면 결합**을 찾아 켜주세요.

10 그리고 **선택 도구**를 이용해 킬파트를 파트 표면에 가져다 대면

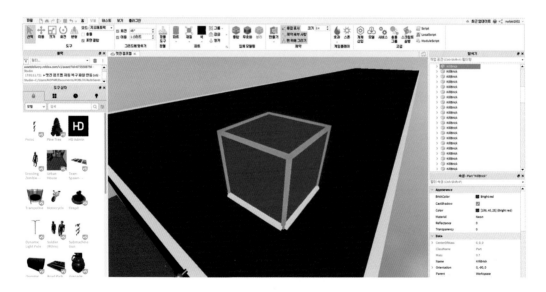

11 탐색기를 보면 킬파트 안에 자동으로 **Weld**
가 생겼습니다!

12 **킬파트가 같이 붙은 밧줄 파트** 유닛에서 용접으로 생성한 **WeldConstraint**와는 조금 다른 이름
과 모습이지만, 파트끼리 붙여주는 역할을 하는 건 똑같습니다. 단, **WeldConstraint**와 달리, 붙
은 파트를 떼면 **Weld**는 자동으로 사라집니다.
이렇게 **표면 결합**을 켜면, 표면끼리 붙은 파트 사이에 자동으로 **Weld**를 추가해줘서 편리합니다.
다만, 원통이나 구형 파트의 둥근 면에는 쓸 수 없다는 점(조금이라도 겹치거나 떨어지면 안 되고,
표면끼리 똑바로 붙어야 적용된다), **Weld**가 필요 없는 앵커 된 파트 사이에도 **Weld**를 넣어주는
점 등 한계가 있습니다.

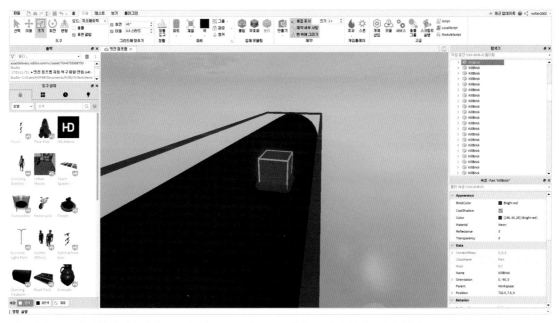

원통에서는 표면 결합이 적용되지 않는다. 따로 스크립트를 쓰거나, 일일이 붙여주어야 한다.

13 나머지 부분에도 안심하고 킬파트를 마구 깔아줍시다.

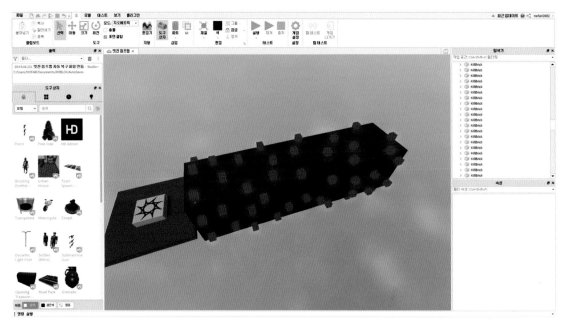

적은 양 같아 보여도 이 정도만으로 매우 어렵다.

14 킬파트 배치가 끝났으면 이제 다시 표면 결합을 꺼주세요

15 체크포인트까지 배치하면 완성!(**체크포인트 파트 만들기** 유닛 165쪽 참고)

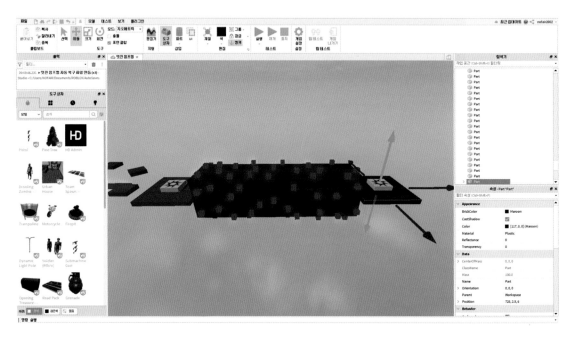

주의사항

이번 단계는 체크포인트에 힌지가 연결되어 있으므로, 복제가 필요하다면 힌지가 없는 다른 단계 체크포인트를 복제해주세요.

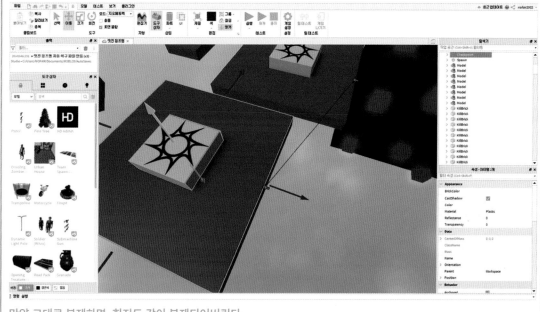

만약 그대로 복제하면, 힌지도 같이 복제되어버린다.

UNIT 6: 제자리에서 굴러가는 파트

> **밧줄 파트 더 자세히 파헤치기!** 유닛을 보고 오시면 이번 유닛에서 다루는 **위치 정렬**(AlignPosition)을 더 쉽게 이해할 수 있습니다.

제자리에서 굴러가는 파트는 앵커 된 파트와 똑같이 위치는 항상 고정되어 있는데, 막상 밟아보면 자유 분방하게 이리저리 회전하는 파트입니다.

01 새 파트 생성해줍니다. 색만 칠해주고, **앵커는 하지 않습니다.** 앵커를 하면 회전조차 못 하게 되기 때문에 앵커를 할 수는 없습니다. 그런데 앵커를 안 하면 파트는 중력 때문에 아래로 떨어지게 됩니다. 그래서 다른 방법으로 파트의 위치를 고정해주어야 합니다. 생성한 파트의 크기를 (4,4,4)로 변경합니다.

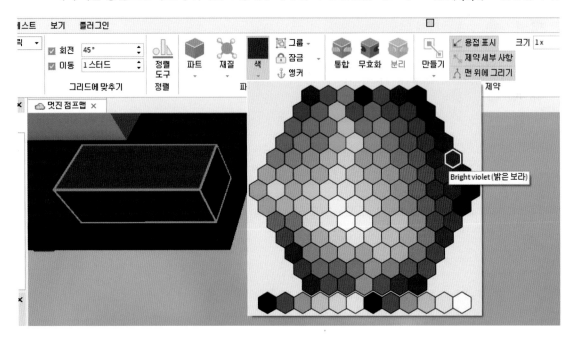

02 같은 크기의 파트를 하나 더 생성합니다. **이번에는 파트를 앵커합니다.** 앵커한 파트는 회색으로 칠해서 앵커 안한 보라색 파트와 구분해주겠습니다. 우리는 보라색 파트의 위치를 회색 파트로 고정해보겠습니다.

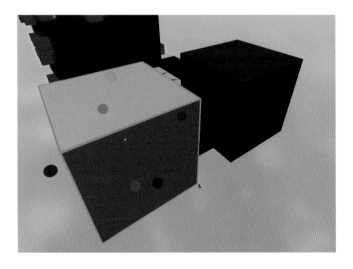

03 상단메뉴 **모델**에서 **만들기**로 들어갑니다. **위치 정렬**(AlignPosition)을 선택해주세요. 마우스 커서가 다음 그림으로 변합니다. **위치 정렬**(AlignPosition) 개체로 보라색 파트에 힘을 가해서 회색 파트 위치로 고정되게 할 수 있습니다.

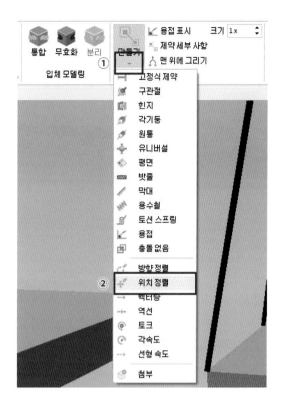

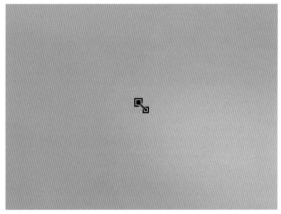

위치 정렬(AlignPosition)을 누르면 위와 같이 마우스 포인터가 바뀐다.

04 보라색 파트(앵커 안한 파트)를 먼저 클릭하고, 회색 파트(앵커한 파트)를 클릭해 서로 연결해주세요. 화살표 방향이 사진처럼 보라색 파트(앵커 안한 파트)를 향해야 합니다.
(앵커한 파트를 먼저 선택해버렸다면 허공을 클릭해 취소하고, 생성된 연결부는 삭제합니다)

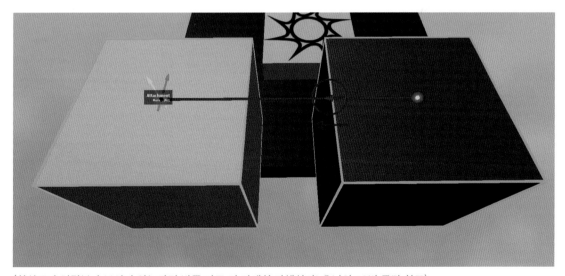

(화살표나 연결부가 보이지 않는다면 밧줄 파트 더 자세히 파헤치기! 유닛의 12번 문단 참고)

05 탐색기에서 보라색 파트(앵커 안한 파트) 안을 살펴보면 AlignPosition(위치 정렬) 개체가 보입니다.

06 AlignPosition 개체의 속성들을 확인합니다. **ApplyAtCenterOfMass, RigidityEnabled 속성을 켜줍니다.** RigidityEnabled을 켠 경우에는 자동으로 최대 힘과 속력, 그리고 반응속도로 유지되기 때문에 MaxForce, MaxVelocity, Responsiveness는 설정할 필요가 없게 됩니다. (속성들에 관한 자세한 설명은 **밧줄 파트 더 자세히 파헤치기!** 유닛의 13번 문단 참고)

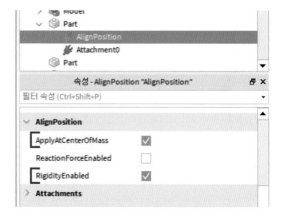

07 회색 파트(앵커한 파트) 안에는 Attachment1 개체가 있습니다.

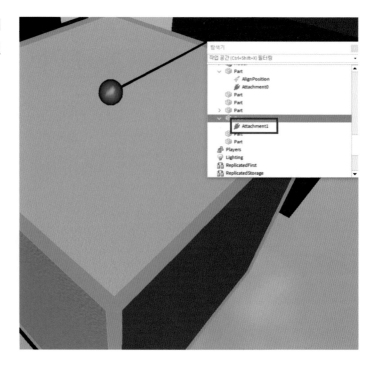

08 Attachment1의 Position 속성을 0,0,0으로 설정합니다. 그래야 보라색 파트(앵커 안한 파트)가 회색 파트(앵커한 파트)의 정중앙에 고정되게 됩니다.

(Attachment의 Position은 파트 기준 위치를 나타내므로 0,0,0은 회색 파트의 정중앙을 나타냅니다)

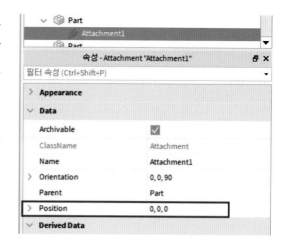

09 회색 파트(앵커한 파트)의 Transparency 속성을 1로, CanCollide 속성은 꺼줍니다.
(각 속성의 기능은 **눈에 안 보이는 투명한 파트, 밟히지 않고 쑤욱 통과되는 파트** 유닛 참고)

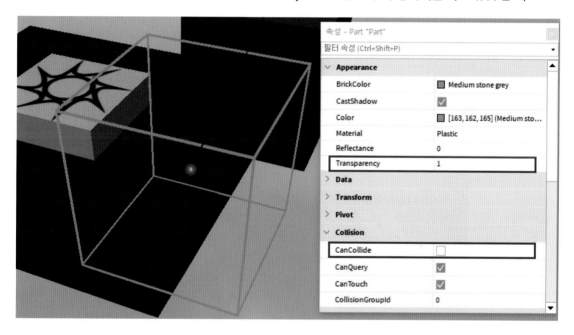

10 앵커한 파트와 앵커 안된 파트 위치가 서로 같도록 겹쳐줍니다. (만일 겹쳐지지 않는다면 건축 시작 준비! 유닛의 31쪽 06번 문단 참고)

11 두 파트를 선택하고 오른쪽 클릭, 그룹 버튼으로 모델로 묶습니다. (두 파트를 선택하는 방법은 **나의 첫 점프맵 단계** 유닛의 04번 문단 참고)

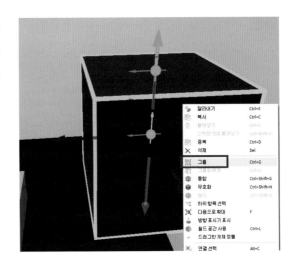

12 모델을 맵에 배치하고, 테스트해보면, 회색 파트와 AlignPosition 덕분에 파트는 떨어지지 않고 그대로 있습니다. 그리고 파트 위에서 걸어보면 파트가 제자리에서 회전하기 시작합니다.

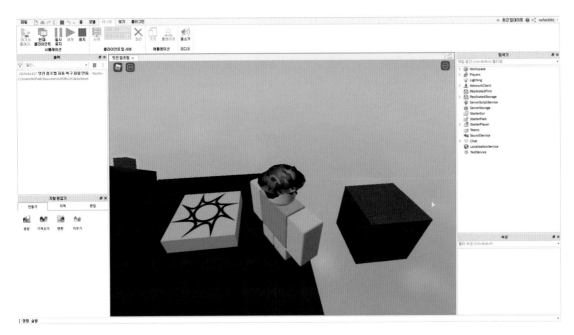

13 성한 모델을 복사해 다른 위치에도 배치하고, 체크포인트도 설치해 완성합니다.

PART 03
스크립트
코딩으로 만드는
고급 점프맵

CHAPTER 1.

스크립트 입문

스크립트 초반은 기초만 배우기에 조금 지루할 수도 있습니다. 하지만 나중에 킬파트, 텔레포트 발판 등 다양한 것들을 만들기 위해선 기초가 무엇보다 중요합니다. 조금만 참고 저를 열심히 따라와주세요!

UNIT 1 : 스크립트 세팅하기

01 스크립트를 쓰기 전 준비부터 해봅시다. 상단 메뉴 **보기**로 가주세요.

02 저는 다음과 같이 창을 배치했습니다.

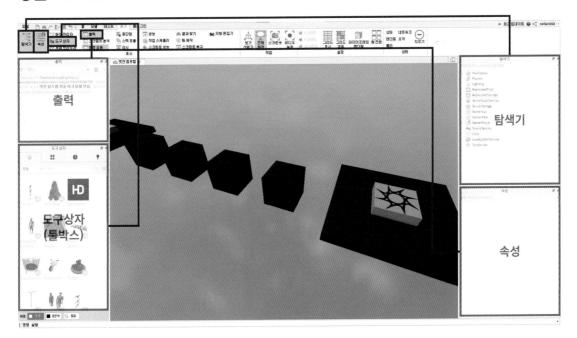

로블록스 스튜디오 TIP!

일반적으론 출력 창을 이렇게 아래쪽에 배치하는 경우가 많습니다.

스크립트를 사용하면서 편한 위치에다가 자유롭게 두면 됩니다.

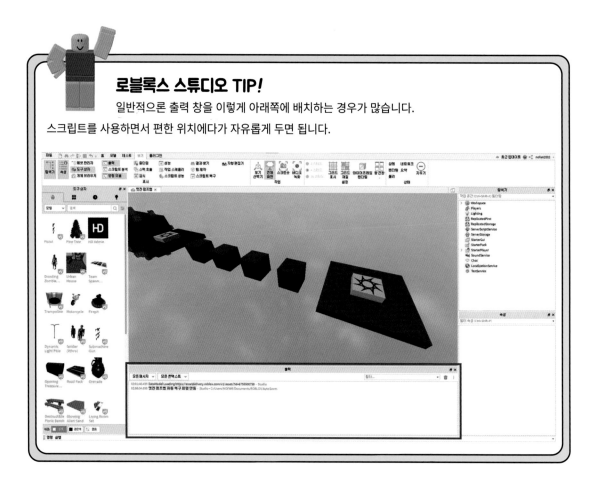

03 이제 스크립트를 추가해봅시다. 탐색기에서
Workspace에 십자 버튼을 눌러 **Script**를
추가합니다.

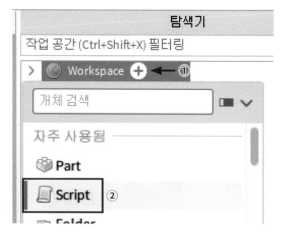

04 Workspace 안에 스크립트(Script) 개체가 들어왔고, 스크립트 편집 창도 떴습니다. 여기서 스크립트를 작성하고 편집할 수 있습니다.

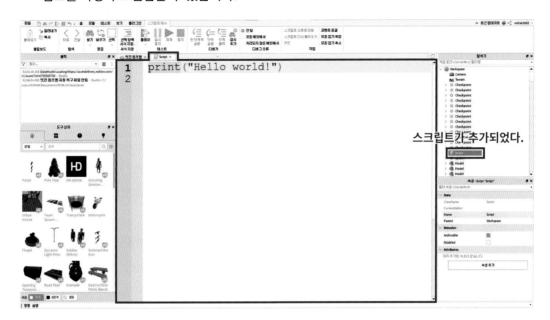

로블록스 스튜디오 TIP!

스크립트 글씨 크기가 너무 작다면, Ctrl 버튼을 꾹 누른 상태로 마우스 스크롤하면 크기를 키울 수 있습니다.

05 다시 원래 맵으로 돌아가고 싶으면 스크립트 편집 창 윗부분에서 플레이스 이름이 적힌 탭을 클릭합니다. Script 탭을 클릭해 스크립트 편집 창으로 돌아갈 수도 있습니다.

06 탭에 같이 보이는 X 버튼을 클릭하면 스크립트 편집 창을 종료할 수도 있습니다.

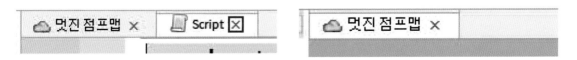

07 편집 창을 종료해도 스크립트 자체는 사라지지 않고 그대로 남아 정상 작동합니다. 탐색기에서 이 스크립트 개체를 더블클릭하면 다시 스크립트 편집 창을 열 수 있습니다.

UNIT 2 : 메시지 출력해보기

01 이제 본격적으로 스크립트를 써봅시다! 처음 스크립트 편집 창을 열어보면 이미 print("Hello World!")라고 쓰여 있습니다.

```
1    print("Hello world!")
```

02 테스트를 켜보면 출력 창에 똑같이 Hello World!라고 뜹니다.

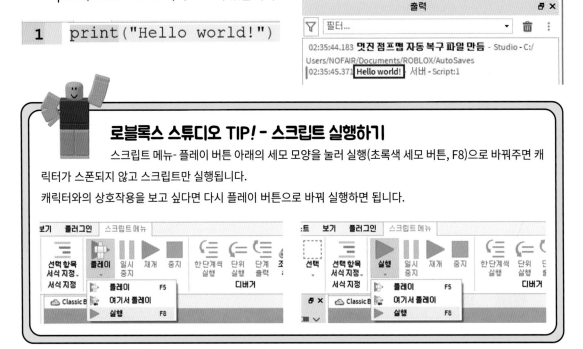

로블록스 스튜디오 TIP! - 스크립트 실행하기

스크립트 메뉴- 플레이 버튼 아래의 세모 모양을 눌러 실행(초록색 세모 버튼, F8)으로 바꿔주면 캐릭터가 스폰되지 않고 스크립트만 실행됩니다.

캐릭터와의 상호작용을 보고 싶다면 다시 플레이 버튼으로 바꿔 실행하면 됩니다.

03 출력창의 Hello World! 를 클릭하면 방금 전의 스크립트 1번째 줄로 보내주네요.

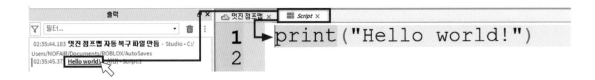

04 테스트를 종료하고, 2번째 줄에 똑같이 한 번 써봅시다. print라고 쓰고, 괄호를 쓰고, 따옴표를 넣습니다.

로블록스 스튜디오 TIP!

괄호, 따옴표 등 짝이 있는 문자는 앞쪽만 쳐도 뒤쪽까지 같이 입력됩니다.

05 마지막으로 따옴표 사이에 원하는 문자를 입력합니다!

06 그리고 테스트해보면 Hello World! 밑에 '안녕 세상!'이라고 출력되는 것을 볼 수 있습니다.

출력	
🔽 필터... ▼	🗑 ⋮

02:51:17.336 **멋진 점프맵 자동 복구 파일 만듬** - Studio - C:/
Users/NOFAIR/Documents/ROBLOX/AutoSaves
02:51:18.169 **Hello world!** - 서버 - Script:1
02:51:18.170 **안녕 세상!** - 서버 - Script:2

07 안녕 세상!을 클릭해보면 이번에는 그 스크립트 2번째 줄로 보내줍니다.

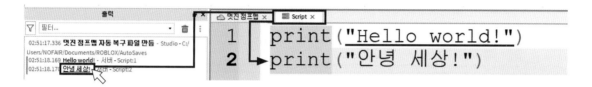

08 이렇게 print에 괄호를 붙이고, 따옴표로 감싸 문자를 입력하면, 입력한 문자를 그대로 출력 창에서 확인할 수 있습니다.

```
2    print("안녕 세상!")
```

09 이때 조금이라도 다르게 썼다면 스크립트가 제대로 작동을 못 할 수 있습니다.
print 철자 중 하나를 대문자로 바꿔쓰거나, 철자를 아예 잘못 쓰면,

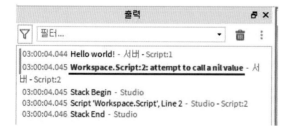

10 다음과 같은 빨간 메시지가 대신 출력되고,

출력	
🔽 필터... ▼	🗑 ⋮

03:00:04.044 **Hello world!** - 서버 - Script:1
03:00:04.045 **Workspace.Script:2: attempt to call a nil value** - 서버 - Script:2
03:00:04.045 **Stack Begin** - Studio
03:00:04.045 **Script 'Workspace.Script', Line 2** - Studio - Script:2
03:00:04.046 **Stack End** - Studio

11 따옴표나 괄호를 실수로 3개 쓴다면,

```
2    print("안녕 세상!""
```

12 또 다른 빨간 메시지가 출력됩니다. 빨간 메시지는 스크립트가 제대로 작동하지 못했음을 의미하고, 우리는 이걸 '**에러 났다**'라고 합니다.

03:03:34.360 **Workspace.Script:2: Expected ')' (to close '(' at column 6), got malformed string** - Studio - Script:2

13 빨간 메시지를 클릭하면 에러가 난 스크립트 위치로 보내줍니다.

그럼 우린 거기서 스크립트의 문제점을 찾아 고치는 겁니다.

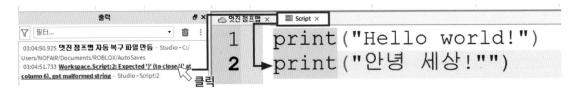

14 이번 유닛에서는 스크립트를 처음 써보았습니다. print로 원하는 문자를 입력해서 출력 창에 출력해 보았고, 스크립트에서 에러가 났을 때 출력 창에서 확인하는 것을 해보았습니다.

금방 보았듯, 스크립트는 매우 섬세해서, 대소문자 하나, 문자 하나만 틀려도 에러가 납니다. 스크립트 쓸 때에는 빠트리거나 잘못 쓴 것은 없는지 항상 확인해주세요.

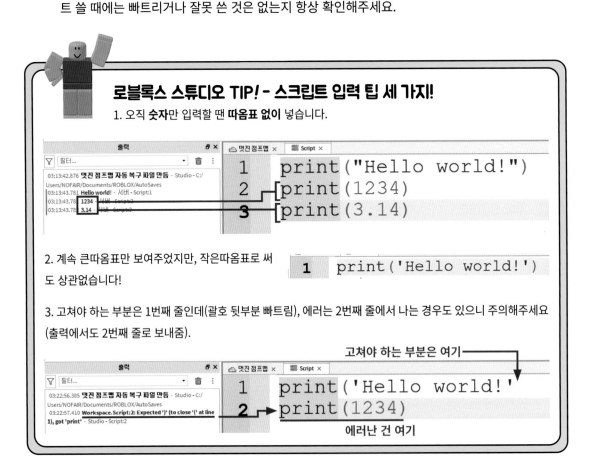

UNIT 3: 스크립트로 파트 탐색하기

밟으면 죽는 파트를 만들든, 나타났다가 사라지는 파트를 만들든, 가장 중요한 것은 파트를 찾는 일입니다. 파트를 찾아야 그 파트에 관한 스크립트를 쓸 수 있으니까요.

⊓ 스크립트 속 Parent(부모) 개체 찾기

❶ 파트를 하나 생성해주세요. 탐색기를 확인하여 스크립트와 파트가 어디 있는지 위치를 알 수 있습니다.

❷ 스크립트를 드래그하여 파트 안에 넣어봅시다. 파트 안에 스크립트가 들어왔습니다.

03 이때 이 파트를 스크립트의 **부모(Parent)**라고 부르고, 반대로 스크립트를 파트의 **자식(Child)**이라고 부를 수 있습니다.

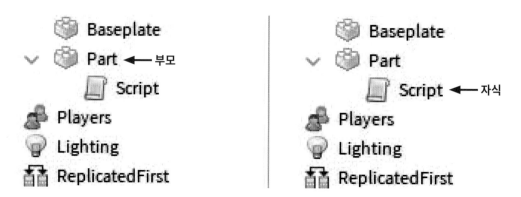

04 이제 스크립트로 파트를 찾아봅시다. **script**라고 적으세요. **script**라고 쓴 단어 색깔이 불그스름하게 변했다면 맞게 쓴 겁니다(혹시 밑에 빨간 줄이 그어지더라도 무시하세요).

```
1   script
```

05 **script**는 현재 작성하고 있는 **스크립트 개체**를 나타냅니다. 여기서 한 단계 위로 올라가 **파트(Part)** 개체를 찾으려고 합니다.

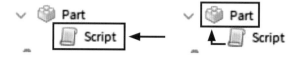

06 **부모** 개체로 올라갈 땐 점(.)을 찍고 **Parent**라고 적습니다. 이때 P는 대문자입니다. 대소문자와 철자가 틀리지 않도록 조심해주세요. 이렇게 찾은 개체를 print()에 넣어 출력해보면(**메시지 출력해보기** 유닛 참고).

```
1   script.Parent
```
```
1   print(script.Parent)
```

07 Part 개체가 출력됩니다. 스크립트에서 성공적으로 파트를 찾았습니다!

08 이번에는 스크립트가 이렇게 이중으로 들어가 있습니다. 저는 맨 위에 있는 **Part1** 개체를 찾으려 합니다. **Part1**은 어떻게 해야 찾을 수 있을까요?

09 일단 우리가 배운 대로라면 **Part2**와 **스크립트 개체**는 서로 **부모·자식** 관계입니다. **스크립트**가 **Part2** 개체 안에 들어있기 때문이죠.

10 그렇다는 것은 마찬가지로 **Part1**과 **Part2** 개체도 서로 부모·자식 관계입니다. **Part2**가 **Part1** 개체 안에 들어있기 때문이죠.

11 그렇다면 스크립트에서 **Parent(부모)**를 2번 올라가면 **Part1**이 나오겠네요?

12 script에 .Parent를 2번 적습니다.

```
1    script.Parent.Parent
```

13 print()에 넣어보면 **Part1**이 출력됩니다.

14 이렇게 **.Parent**는 몇 번이든 반복해서 쓰면 이중, 삼중으로 위에 있는 개체들도 찾을 수 있습니다. 극단적으로는 아래 스크립트처럼 사용할 수도 있습니다.

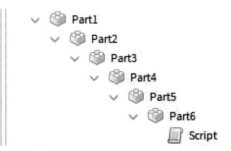

```
1    print(script.Parent.Parent.Parent.Parent.Parent.Parent)
```

② 스크립트 속 자식 개체 찾기

지금까지 **부모** 개체로 올라가는 것을 해보았으니, 이번에는 **자식** 개체로 내려가는 것을 해봅시다.

01 이번에는 반대로 스크립트 안에 파트가 있습니다.
(일반적으론 이렇게 배치하진 않습니다. 기초를 배우려고 이번만 이렇게 해두었습니다.)

02 자식 개체로 내려갈 때는 점(.)을 찍고 **개체의 이름**을 적습니다. 파트의 이름이 Part이니 다음과 같이 적어주면 됩니다.

```
1   script.Part
```

03 만약 파트 개체의 이름이 brick이라면.

04 그 이름에 맞춰서 스크립트에도 brick이라고 적습니다.

```
1   script.brick
```

05 다음처럼 이중으로 들어있다면,

06 먼저 오는 자식 순서대로 나열하면 됩니다.

```
1   script.Part.brick
```

로블록스 스튜디오 TIP!

개체 이름이 **숫자로 시작**하거나 이름에 **띄어쓰기**, **한글**, **특수문자** 등이 있다면, 단순히 점(.)을 찍는 방식은 쓸 수 없습니다.

```
1   script.1파트 (X)
```

대신 대괄호와 따옴표를 이용하여 다음처럼 작성해야 합니다.

```
1   script["1파트"]
```

자식 개체가 만약 여러 개인 경우,
이름이 모두 같다면 스크립트가 어느 개체를 찾을지 알 수 없습니다.

이때는 이름을 다르게 해주는 것이 바람직합니다.
(선택한 개체를 한 번 더 클릭하거나, 개체 속성 중 **Name** 항목에서 이름 변경 가능)

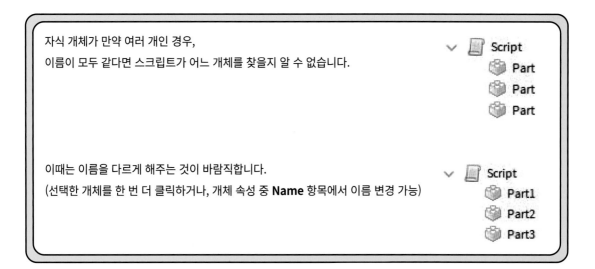

③ 스크립트에서 파트찾기

01 파트 탐색하기 마지막 예시입니다. 스크립트에서 **block** 파트를 어떻게 찾을까요?

> ∨ 🧱 Part
> 　　📜 Script
> 　　🧱 block

02 스크립트에서 옆으로 탐색하는 것은 불가능합니다.

03 이 경우엔 부모 개체로 올라갔다가 내려와야 합니다.

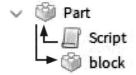

04 부모 개체로 올라갈 땐 **.Parent**를 썼고, 거기서 자식 개체로 내려갈 땐 개체 이름을 썼습니다. 우리가 찾는 개체 이름이 block이니 **.block**이라고 써주면 됩니다. **.Parent**와 **.block**을 순서대로 이어붙여 주면 다음 사진처럼 되겠네요.

```
1    script.Parent.block
```

05 print() 이용해서 출력해보면 **block** 개체가 출력됩니다. 지금까지 파트 탐색하기를 배웠습니다. 배운 내용은 파트뿐만 아니라 모든 로블록스 개체를 탐색할 때 항상 쓰이니 꼭 기억해두세요.

로블록스 스튜디오 TIP!

위의 내용에서는 계속 script에서 탐색을 시작해 올라가거나 내려갔는데, 탐색 시작은 workspace 에서도 할 수 있습니다.

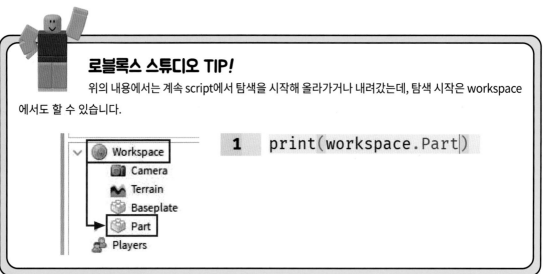

```
1    print(workspace.Part)
```

추가로 **game**이라는 개체에서도 탐색 시작이 가능합니다. **Workspace**의 부모 되는 개체로, game. Lighting, game.Players 등과 같이 사용합니다. **game은 탐색기에서는 볼 수 없습니다.**

```
1    game.Workspace
2    game.Players
3    game.Lighting
```

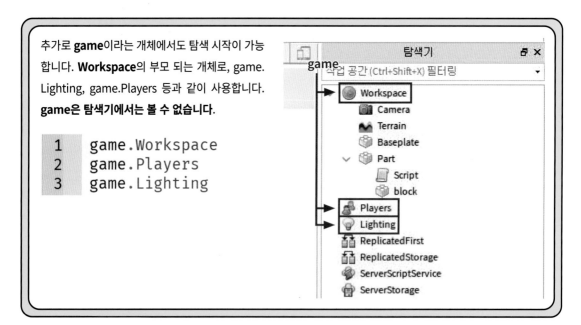

테스트했을 때 출력에 아래의 에러가 뜬다면, 스크립트가 파트를 못 찾은 겁니다. 파트 이름을 똑바로 적었는지, 철자와 대문자 등을 확인해주세요.

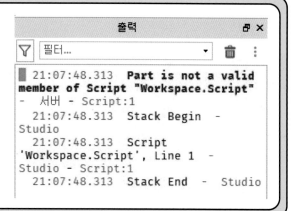

개체 이름 바꾸기

탐색기에서 선택한 개체를 한 번 더 클릭하면 이름을 바꿀 수 있습니다.

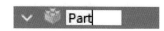

또는 개체 속성 중 Name 속성에서도 이름 변경이 가능합니다.

UNIT 4: 스크립트로 파트 편집하기

01 **스크립트 세팅하기** 유닛에서 연 **속성** 창은 선택한 개체의 여러 속성을 보여줍니다. 예를 들어 파트를 선택하면, 그 파트의 속성들을 보여줍니다.

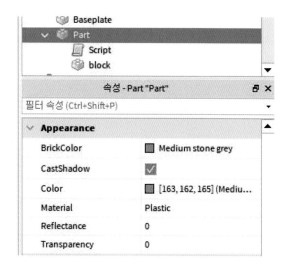

02 각 속성 항목을 편집해 파트의 특성을 바꿔줄 수 있습니다. 예를 들어 **Transparency** 값을 1로 바꾸면 파트가 투명해집니다.

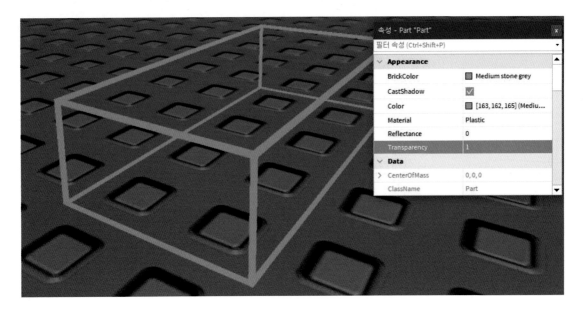

03 Transparency 속성의 값을 스크립트로 바꿔봅시다. 우선 편집할 파트를 탐색해줍니다(**스크립트로 파트 탐색하기** 유닛 참고).

```
1    script.Parent
```

04 다음에는 속성을 찾아줄 건데, 찾은 파트에 점(.)을 찍고, **속성 이름**을 적으면 됩니다. 이때 대소문자, 철자 틀리지 않게 주의해주세요.

```
1    script.Parent.Transparency
```

05 이렇게 찾은 것을 **print()**로 출력해보면, 현재 Transparency 속성의 값이 출력됩니다. 저는 방금 1로 바꿔두었기에, 그대로 1이 출력되었네요.

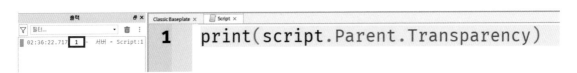

```
1    print(script.Parent.Transparency)
```

06 print()를 지우고 다시 돌아와, 오른쪽에 등호(=)를 써줍니다.

```
1    script.Parent.Transparency =
```

07 등호 옆에 수정할 값을 입력하면 값이 수정됩니다. 저는 0.5를 입력했습니다.

```
1    script.Parent.Transparency = 0.5
```

08 테스트해보면 파트가 반투명하게 바뀌었습니다. Transparency 속성값을 0.5로 바꾸면 이렇게 파트가 반투명해집니다.

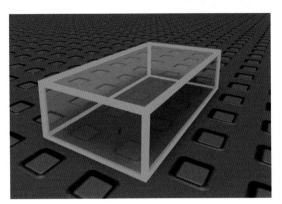

스크립트로 파트의 Transparency 속성을 바꾸는 데에 성공했습니다!

09 같은 방법으로 다른 속성들도 바꿀 수 있습니다.

파트의 이름인 **Name** 속성도 바꿔봅시다.

Data	
> CenterOfMass	0, 0, 0
ClassName	Part
Mass	5.6
Name	Part
Parent	Workspace

10 **Name** 속성은 **문자열** 형식의 값이 들어가므로 따옴표를 적어주어야 합니다.

```
1    script.Parent.Name = "block"
```

12 다음은 파트의 **Anchored** 속성입니다. 이 값은 체크 박스 형태로 되어있고, 켜져 있으면 파트가 고정되어 움직이지 않습니다(파트 앵커 상태를 나타내는 속성).

11 테스트해보면 파트 이름이 바뀐 것이 보입니다.

13 이런 속성을 스크립트로 켤 때는 **true**라고 입력해줍니다. 이번에는 따옴표가 없습니다.

```
1    script.Parent.Anchored = true
```

14 파트를 하늘에 띄워놓고 테스트해보면, 중력으로 떨어져야 할 파트가 움직이지 않습니다. Anchored 속성이 켜졌기 때문입니다.

15 반대로 체크 박스를 끌 때는 **false**라고 입력해줍니다.

```
1    script.Parent.Anchored = false
```

로블록스 스튜디오 TIP!

Anchored와 같이 체크 박스 형식으로 되어있는 속성은 **true** 또는 **false**를 입력하여 속성값을 수정합니다. **true**는 우리말로 **참**, **false**는 **거짓**을 의미하며, 이렇게 참(true)/거짓(false)으로 나뉘는 값 종류를 **불린(Boolean)** 이라고 부릅니다.
Anchored, CanCollide, CastShadow 등 속성 창에서 체크 박스로 나타나는 속성은 모두 **불린값**을 사용합니다. 스크립트에서 **켜짐은 true, 꺼짐은 false**로 나타내는 것을 기억해주세요.

16 속성 중에서도 한 속성 안에 다른 속성이 들어있을 수 있습니다.

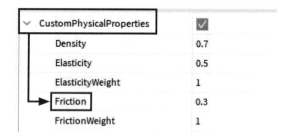

17 위에 있는 속성 먼저 찾고, 이어서 밑에 있는 속성을 찾아주면 됩니다.

```
1    print(script.Parent.CustomPhysicalProperties.Friction)
```

18 단, 이 방식으로 속성값 수정은 못 합니다. 시도하면 에러납니다.

```
1    script.Parent.CustomPhysicalProperties.Friction = 1  (X)
```

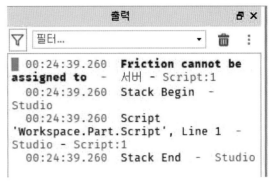

에러난 모습

19 속성값을 편집할 때는 속성값 종류마다 각각 **정해진 입력 방법**이 있습니다.

```
1    script.Parent.CustomPhysicalProperties
2      = PhysicalProperties.new(0.7, 0.5, 0.3)
```
▲2/3 ▾PhysicalProperties new(number density, number friction, **number elasticity**)

Friction을 포함한 CustomPhysicalProperties 속성 입력 방법

```
1    script.Parent.BrickColor = BrickColor.new("Really red")
```

BrickColor 속성 입력 방법. 괄호 안에 색깔의 영어 이름을 입력하면 된다.

20 방법이 너무 다양해서 이 책에서 전부 소개해드리진 못하며, 대신 부록의 **로블록스 개발자 허브** 유 닛에서 소개하는 사이트에서 정보를 얻을 수 있습니다.

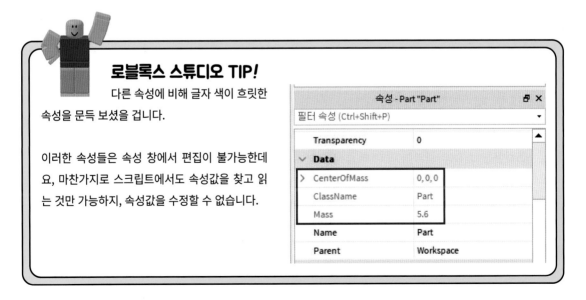

로블록스 스튜디오 TIP!

다른 속성에 비해 글자 색이 흐릿한 속성을 문득 보셨을 겁니다.

이러한 속성들은 속성 창에서 편집이 불가능한데 요, 마찬가지로 스크립트에서도 속성값을 찾고 읽 는 것만 가능하지, 속성값을 수정할 수 없습니다.

로블록스 스튜디오 TIP! – 자동완성

스크립트를 쓰다 보면 아래에 이런 창이 뜨는 것을 보았을 겁니다.

예상 단어를 자동으로 완성해주는 편리한 기능입니다. 위아래 방향키로 쓰고 싶은 단어를 선택하고, **Tab** 키 (Q 키 왼쪽) 또는 엔터 키를 누르면 단어가 자동으로 완성됩니다!

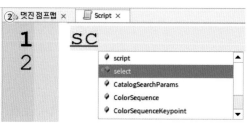

저는 script를 쓰고 싶은데요, 그럼 **script**를 선택하고 **Tab** 또는 **엔터** 키를 눌러 단어를 완성합시다!

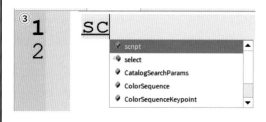

자동완성 쓰면 장점

- 스크립트 쓰는 속도가 빨라짐
- 스크립트 쓰다가 오타 내는 일이 줄어듦

단, 자동완성이 안 써지는 경우도 있으니 너무 의존하지는 마세요!

UNIT 5: 조건문 사용하기

01 **조건문**은 조건의 결과에 따라 특정 명령을 수행하게 할 때 사용합니다. 다음과 같은 구조를 가집니다.

```
1  if true then ]조건
2    ▸ print("Hello World!") ]
3    ▸ print("Hi!")          ] 코드
4  end
```

02 조건이 **참(true)**이면 **then**과 **end** 사이의 코드를 실행하고, 조건이 **거짓(false)**이면 실행하지 않습니다.

03 다음 조건문을 살펴봅시다. 여기서 조건식은 1+2 == 3, then과 end 사이 코드는 print("1 더하기 2는 3이다!!")입니다.

```
1  if 1+2 == 3 then
2      print("1 더하기 2는 3이다!!")
3  end
```

04 1+2는 3이 맞으므로 조건은 **참**입니다. 따라서 "1 더하기 2는 3이다!!"라는 문장이 출력됩니다.

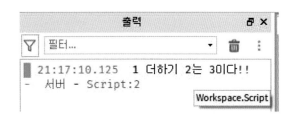

05 이번에는 조건식이 1+2 == 4입니다.

```
1  if 1+2 == 4 then
2      print("1 더하기 2는 4이다!!")
3  end
```

06 1+2는 4가 아니므로 조건은 **거짓**입니다. 따라서 아무것도 출력되지 않습니다.

07 더하기를 포함한 다른 부호들은 표를 참고해주세요.

a + b	a 더하기 b	1 + 2 = 3
a - b	a 빼기 b	2 - 1 = 1
a * b	a 곱하기 b	2 * 3 = 6
a / b	a 나누기 b	8 / 2 = 4
a ^ b	a의 b 제곱	2 ^ 4 = 16
a % b	a 나누기 b의 나머지	10 % 4 = 2
-a	마이너스 a	-2 + 3 = 1

08 예를 들어 10 나누기 4의 몫은 2, 나머지는 2이므로, 조건인 10 % 4 == 2는 참입니다.

```
1  if 10 % 4 == 2 then
2      print("10 나누기 4의 나머지는 2다!!")
3  end
```

로블록스 스튜디오 TIP! - 계산 순서와 괄호

연산은 기본적으로 왼쪽에서 오른쪽 순서대로 계산되지만, 연산 부호들 사이에 우선순위가 높은 부호가 있다면, 그것 먼저 계산됩니다. 예를 들어 다음 식의 결과는 **거짓(false)**입니다.

2 + 2 * 2 == 8

곱하기(*)가 더하기(+)보다 우선순위가 높아서 곱하기(*)가 먼저 계산됩니다. 다음과 같이 괄호로 묶어줘야 더하기(+)가 먼저 계산될 수 있습니다.

(2 + 2) * 2 == 8

괄호는 여러 번 중첩해서 쓸 수 있습니다. 중괄호나 대괄호는 사용하지 않습니다.

부호들의 구체적인 우선순위는 다음과 같습니다. 위쪽의 부호가 우선순위가 높습니다. 같은 층의 부호는 우선순위가 같아서 그때는 순서대로 계산됩니다.

1순위 ^(제곱)
2순위 -a(음수기호)
3순위 *(곱하기) /(나누기) %(나누기 연산 후 나머지)
4순위 +(더하기) -(빼기)

09 등호는 왜 2번 겹쳐 쓸까요? 등호 자체는 이미 속성값 등을 바꿀 때 이미 사용하고 있기 때문에, 그것과 구분하기 위해서 조건문에서는 일부러 두 번 연달아 씁니다.

```
1  script.Parent.Transparency = 0.4
2  script.Parent.Anchored = true
```

10 표를 통해 등호의 형제들을 만나보세요.

a == b	a는 b(a는 b와 같음)
a ~= b	a는 b가 아님(a는 b와 같지 않음)
a > b	a는 b보다 큼
a < b	a는 b보다 작음
a >= b	a는 b보다 같거나 큼
a <= b	a는 b보다 같거나 작음

11 ==와 ~=의 경우 숫자가 아닌 자료형도 취급할 수 있습니다

아래는 파트의 Anchored 속성이 **true**라면, 앵커 되어있다고 출력하는 스크립트입니다.

```
1  if workspace.Part.Anchored == true then
2      print("파트가 앵커되어 있습니다!")
3  end
```

12 지금까지는 조건이 참일 때만 특정 코드를 실행하고, 조건이 거짓일 때는 아무것도 실행하지 않았는데요. **else**를 이용하면 조건이 **거짓일 때 실행할 코드**도 따로 적어줄 수 있습니다!

아래의 스크립트는 파트의 Anchored 속성이 **true**라면(조건이 참), 앵커 되어있다고 출력하고, 속성이 **false**라면(조건이 거짓) 앵커 되어있지 않다고 출력합니다.

```
1  if workspace.Part.Anchored == true then
2      print("파트가 앵커되어있습니다!")
3  else
4      print("파트가 앵커되어있지 않습니다!")
5  end
```

13 **스크립트로 파트 편집하기** 유닛 막바지(131쪽 19번 문단)에 잠깐 소개했던 파트 **BrickColor** 속성을 활용한 스크립트입니다. 만약 파트의 **BrickColor**가 **Really red**라면 "파트가 빨간색입니다!"라고 출력하고, 아니라면 "파트가 빨간색이 아닙니다!"라고 출력하는 스크립트입니다.

```
1  if workspace.Part.BrickColor == BrickColor.new("Really red") then
2      print("파트가 빨간색입니다!")
3  else
4      print("파트가 빨간색이 아닙니다!")
5  end
```

14 **else** 자리에 **elseif**를 쓰면 **추가 조건**을 더할 수 있습니다.

파트 BrickColor가 **Really red**라면 빨간색이라고 출력, 아니라면 이번엔 BrickColor가 **Really blue**인지 확인하고, 그게 맞다면 파란색이라고 출력하는 스크립트입니다.

```
1  if workspace.Part.BrickColor == BrickColor.new("Really red") then
2      print("파트가 빨간색입니다!")
3  elseif workspace.Part.BrickColor == BrickColor.new("Really blue") then
4      print("파트가 파란색입니다!")
5  end
```

elseif ~ then 부분은 추가조건이다.

15 elseif는 몇 번이든 연달아 쓸 수 있으며, 모든 추가 조건들이 거짓인 경우에 실행할 코드가 있다면, 맨 마지막에 **else**를 덧붙일 수 있습니다.

노란색, 초록색인지 확인하는 추가 조건을 2개 더 썼고, 파트가 그 색깔에도 해당하지 않을 때는 마지막에 **else**와 함께 "파트가 무슨 색인지 모르겠습니다!"라고 출력하는 스크립트입니다.

```
1  if workspace.Part.BrickColor == BrickColor.new("Really red") then
2      print("파트가 빨간색입니다!")
3  elseif workspace.Part.BrickColor == BrickColor.new("Really blue") then
4      print("파트가 파란색입니다!")
5  elseif workspace.Part.BrickColor == BrickColor.new("Bright yellow") then
6      print("파트가 노란색입니다!")
7  elseif workspace.Part.BrickColor == BrickColor.new("Bright green") then
8      print("파트가 초록색입니다!")
9  else
10     print("파트가 무슨 색인지 모르겠습니다!")
11 end
```

16 조건 **여러 개가 동시에 참**이어야 할 때는 **and**를 사용합니다.

다음은 파트 Transparency 속성이 1, **그리고 동시에** 파트 Anchored 속성이 true일 때 문장을 출력하는 스크립트입니다.

```
1  if workspace.Part.Transparency == 1 and workspace.Part.Anchored == true then
2      print("파트 투명도는 1이고, 파트는 앵커되어있습니다.")
3  end
```

17 조건 **여러 개중 하나만 참**이어도 될 때는 **or**를 씁니다.

파트 BrickColor가 Really red이거나, 파트 BrickColor가 Really blue이거나, **조건 둘 중 하나만 만족해도** 문장을 출력해주는 스크립트입니다.

```
1  if workspace.Part.BrickColor == BrickColor.new("Really red") or workspace.Part.BrickColor
   == BrickColor.new("Really blue") then
2      print("파트 색깔이 빨간색, 또는 파트 색깔이 파란색입니다.")
3  end
```

로블록스 스튜디오 TIP!

and와 or 중 and가 우선순위가 높습니다. 섞어서 사용하면 **and**가 먼저 연산됩니다(and끼리 먼저 묶임). and와 or 연산에도 괄호를 쓸 수 있습니다.

18 마지막으로, 변수에 등호(==)나 부등호 없이 **단순 값**만 넣으면 참으로 인식됩니다. 아래 예시 모두 참으로 인식되어 "안녕!"이 출력됩니다.

```
1  if workspace.Part then
2      print("안녕!")
3  end
```

```
1  if true then
2      print("안녕!")
3  end
```

```
1  if 0 then
2      print("안녕!")
3  end
```

```
1  if "안녕" then
2      print("안녕!")
3  end
```

물론 **false**를 넣으면 그때는 거짓으로 인식됩니다. 이후 **변수로 저장하기** 유닛의 06번 문단에서 배울 **nil** 값도 거짓으로 인식됩니다. 그것 말곤 모두 참입니다.

UNIT 6: 변수로 저장하기

스크립트를 쓸 때, 어떤 단어에 값을 저장해 그 값이 들어갈 자리를 대신해 단어를 쓸 수 있습니다. 그 단어를 우리는 변수라고 부릅니다.

01 예시를 보면 num이라는 단어에 1234라는 값을 저장해, 1234가 들어갈 자리에 num을 대신 썼습니다.

```
1
2
3  print(1234)
4  print(1234 + 56)
5  print(1234 + 1234)
6  if 1200 + 34 == 1234 then
7      print("정답!")
8  end
```
숫자 1234 값을 사용한 스크립트.

```
1  local num = 1234
2
3  print(num)
4  print(num + 56)
5  print(num + num)
6  if 1200 + 34 == num then
7      print("정답!")
8  end
```
1234를 변수 num으로 선언하여 사용한 스크립트.

02 양쪽 스크립트 모두 각각 1234, 1290, 2468, "정답!"을 출력합니다.

	출력	⊡ ✕
▽	필터... ▾	🗑 ⋮

```
  15:01:05.497  1234  -  서버 -
Script:3
  15:01:05.497  1290  -  서버 -
Script:4
  15:01:05.497  2468  -  서버 -
Script:5
  15:01:05.497  정답!  -  서버 -
Script:7
```

03 직접 **변수**를 만들어 봅시다. **local**이라고 적고, 한 칸 띄어쓰기한 후에 하는 변수 이름을 지어주세요. 사전에 없는 단어라도 괜찮습니다. 단, 이름이 **숫자로 시작**하거나 이름에 **띄어쓰기**, **한글**, **특수문자**가 있으면 안 됩니다.

```
1    local daneo
```

```
1    local 2daneo
```
숫자로 시작하기 때문에 사용할 수 없는 변수 이름이다.

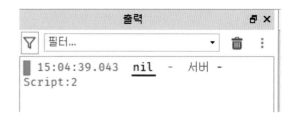

로블록스 스튜디오 TIP!

단, 다음과 같은 밑줄 부호(_)는 사용할 수 있습니다. 0 버튼 오른쪽 버튼을 Shift와 함께 눌러 입력할 수 있으며, **언더바(_)**라고 부릅니다.

```
1    local daneo_a
```

04 변수 이름을 적었을 때 다음과 같이 색이 바뀐다면, 이미 다른 곳에 사용 중인 이름이므로 변수 이름으로 쓸 수 없습니다.

```
1    local time
```
변수 이름의 색이 변했으므로 사용이 불가능하다.

05 다시 처음 지었던 변수 이름으로 돌아와 이 변수를 print()로 출력해봅니다.

```
1    local daneo
2    print(daneo)
3
```

06 nil이라는 값이 출력됩니다.

nil은 저장된 값이 없음을 나타냅니다. 0도 아니고, " "도 아닙니다. **값이 아예 존재하지 않을 때**를 나타내는 것이 **nil**입니다. 아직 변수에 어떠한 값도 넣어주지 않았기 때문에 변수가 **nil**로 출력되었습니다.

출력		
▽ 필터... ▾	🗑	⋮
▌15:04:39.043 **nil** - 서버 - Script:2		

07 등호(=)를 써서 문자열 값을 저장해봅시다.

```
1    local daneo = "Hello World!"
2    print(daneo)
3
```

08 저장한 것 그대로 "Hello World!"가 출력됩니다. 변수를 처음 만들어서 써보았습니다.

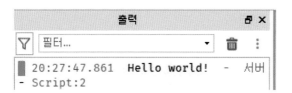

이렇게 local과 함께 처음 변수를 만드는 것을 **변수를 선언한다**고 부릅니다. **daneo** 라는 변수를 선언했고, 값을 넣어 사용해보았습니다.

09 **변수**는 중간에 얼마든지 값도 바꿀 수 있습니다. 바꿀 때는 **local**을 쓰지 않고, 변수 이름만 적습니다. **local**은 변수를 처음 선언할 때만 사용해요.

```
1  local daneo = "Hello"
2  print(daneo) -- "Hello" 출력됨
3  daneo = "Goodbye"
4  print(daneo) -- "Goodbye" 출력됨
```

10 **스크립트로 파트 편집하기** 유닛에서 배운 파트 속성을 편집하는 스크립트입니다. Workspace에 있는 Part1과 Part2, 두 개의 파트 속성을 편집했는데, 변수 값을 중간에 바꾸는 방식으로도 쓸 수 있습니다.

```
1
2  workspace.Part1.Anchored = true
3  workspace.Part1.Transparency = 0.4
4
5
6  workspace.Part2.Anchored = true
7  workspace.Part2.Transparency = 0.4
```

```
1  local part = workspace.Part1
2  part.Anchored = true
3  part.Transparency = 0.4
4
5  part = workspace.Part2
6  part.Anchored = true
7  part.Transparency = 0.4
```

11 조건문 안에서 선언한 변수는 조건문 밖에서 쓸 수 없습니다.

```
1  if 1+1 == 2 then
2      local answer = "정답!"
3  end
4  print(answer) -- nil 출력됨
```

12 이 경우, 변수를 밖에서 먼저 선언한 후, 안에서 값을 수정해주는 식으로 작성해야 합니다. 굳이 조건문이 아니더라도, **end로 감싸인 부분 내부**에서 선언한 변수는 end 밖에서 쓸 수 없습니다.

```
1  local answer
2  if 1+1 == 2 then
3      answer = "정답!"
4  end
5  print(answer) -- "정답!" 출력됨
```

로블록스 스튜디오 TIP! - 주석

스크립트를 쓰는 중간에 메모를 적을 수 있습니다

우리는 이걸 **주석**이라고 부르며, 주석은 얼마든지 자유롭게 적을 수 있습니다. 주석으로 취급되는 글자는 초록색을 띠며, 스크립트 작동에 영향을 주지 않습니다.

스크립트 코드를 일부러 주석으로 만들어 작동하지 않도록 할 수도 있습니다. 아래와 같이 하면 Transparency(투명도)를 바꾸는 부분이 작동하지 않게 됩니다.

```
1   -- 한줄짜리 주석
2
3   --[[
4   여러
5   줄을
6   걸치는
7   주석
8
9   ]]
```

```
1   local part = workspace.Part1
2   part.Anchored = true
3   --part.Transparency = 0.4
4
5   part = workspace.Part2
6   part.Anchored = true
7   --part.Transparency = 0.4
```

```
1   local part = workspace.Part1
2   part.Anchored = true
3   part.Transparency = 0.4
4   --[[
5   part = workspace.Part2
6   part.Anchored = true
7   part.Transparency = 0.4
8   ]]
```

Part2 관련 스크립트를 통째로 작동하지 않게 할 수도 있습니다.

CHAPTER 2.
함수와 이벤트

UNIT 1 : 함수 만들어 써보기

스크립트 입문 챕터와 이어지는 내용이니, 만약 아직 보지 않으셨다면 먼저 보고 와주세요.

01 함수는 스크립트에서 특정 코드를 저장할 때 사용합니다. 다음은 파트의 BrickColor 속성을 3번 출력하는 스크립트입니다.
(**메시지 출력해보기** 유닛 119쪽과 131쪽 19번 문단 참고)

```
1
2
3
4
5    print(workspace.Part.BrickColor)
6    print(workspace.Part.BrickColor)
7    print(workspace.Part.BrickColor)
```

02 print(workspace.Part.BrickColor)를 일일이 쓰는 대신, 아래와 같이 printColor()라는 함수에 print(workspace.Part.BrickColor)를 저장해서 스크립트 글자 수를 줄일 수 있습니다.

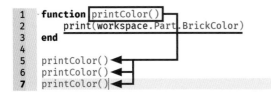

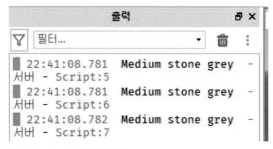

BrickColor가 출력됩니다.

03 함수의 장점은 더 있습니다. 위의 스크립트에서 workspace.Part를 workspace.Baseplate로 수정할 때, 함수가 없는 스크립트는 단어 교체를 3번 해야 하지만, 함수를 사용한 스크립트에서는 딱 1번만 하면 됩니다.

```
1
2
3
4
5   print(workspace.Baseplate.BrickColor)
6   print(workspace.Baseplate.BrickColor)
7   print(workspace.Baseplate.BrickColor)
```

```
1   function printColor()
2       print(workspace.Baseplate.BrickColor)
3   end
4
5   printColor()
6   printColor()
7   printColor()
```

함수를 이용하여 다수의 코드 수정을 쉽게 할 수 있다.

04 그럼 함수를 직접 만들어봅시다. 가장 먼저 **function**이라고 적습니다. 단어가 파란색이 되었다면 성공! 한 칸 띄어쓰기 후, 함수 이름을 자유롭게 적어줍니다.

```
1   function
```
```
1   function hamsu
```

로블록스 스튜디오 TIP!

이름이 **숫자로 시작**하거나 이름에 **띄어쓰기, 한글, 특수문자**(언더바 제외)가 있으면 안 됩니다. 이름을 지었을 때 색이 불그스름하게 바뀌는 단어도 안 됩니다. 변수 선언할 때와 비슷합니다(**변수로 저장하기**의 03~04번 문단 참고 참고).

05 이름 오른쪽에 괄호를 추가합니다. 이때 이름 부분이 하늘색으로 바뀝니다. 마지막으로 end를 추가하면 끝!(보통 end는 자동으로 추가됩니다.)

```
1   function hamsu()
```
```
1   function hamsu()
2       
3   end
```

06 괄호와 end 사이에 코드를 저장하면 됩니다. 몇 개든 저장 가능합니다.

```
1   function hamsu()
2       local part = workspace.Part
3       part.Transparency = 0.5
4       part.Anchored = true
5   end
```

로블록스 스튜디오 TIP!

함수 안에서 선언한 변수는
함수 밖에서 쓸 수 없습니다.

```
1  function hamsu()
2      local part = workspace.Part
3      part.Transparency = 0.5
4      part.Anchored = true
5  end
6  print( part ) (X)
```

07 이렇게 함수를 만드는 것을 **함수를 선언한다**고 합니다. 선언한 함수를 사용하고 싶을 때는 함수이름() 형식으로 입력하면 됩니다.

```
1  function hamsu()
2      local part = workspace.Part
3      part.Transparency = 0.5
4      part.Anchored = true
5  end
6
7  hamsu()
```

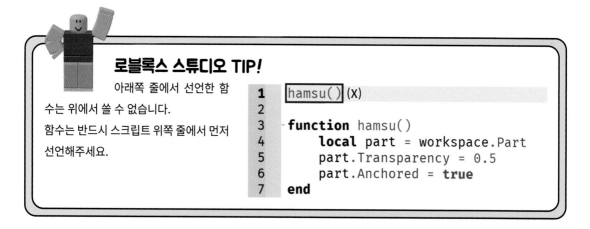

로블록스 스튜디오 TIP!

아래쪽 줄에서 선언한 함
수는 위에서 쓸 수 없습니다.
함수는 반드시 스크립트 위쪽 줄에서 먼저
선언해주세요.

```
1  hamsu() (X)
2
3  function hamsu()
4      local part = workspace.Part
5      part.Transparency = 0.5
6      part.Anchored = true
7  end
```

UNIT 2 : 다른 종류의 함수들

01 우리가 따로 선언하지 않았더라도, 스크립트에 미리 내장되어있는 함수도 있습니다. print와 wait 는 선언 필요 없이 곧바로 사용 가능한 함수들입니다.

```
1  print("Hello!") -- 입력한 것을 출력해주는 함수
2  wait(5) -- 입력한 숫자 초만큼 기다려주는 함수
```

02 개체에 내장된 함수도 있습니다.

대표적으로 개체를 삭제하는 **Destroy()** 함수가

있습니다. 스크립트를 실행하면, Workspace의 Part 개체가 삭제됩니다.

```
1  workspace.Part:Destroy()
```

03 어떻게 사용하는지 자세히 알아봅시다. 개체 함수를 쓰려면, 먼저 개체를 탐색하고, 콜론(:)을 적습 니다. L버튼 오른쪽에 있습니다. Shift를 꾹 누른 채로 입력합니다.

```
1  workspace.Part
```

```
1  workspace.Part:
```

04 마지막으로 함수 이름과 괄호를 적어 완성 합니다. 위에서 언급했듯 Destroy()는 개체 를 삭제하는 함수입니다.

```
1  workspace.Part:Destroy()
```

05 다른 함수로는 FindFirstChild()가 있습니 다(F와 C는 대문자입니다).
FindFirstChild()는 어떤 개체가 안에 들어 있는지 확인해주는 함수입니다(Find First Child, 자식 개체 탐색해주는 함수).
예를 들어 이 모델 안에 Part 개체가 있는지 없는지 확인할 때

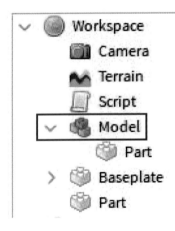

06 모델 개체를 찾아 :FindFirstChild()를 입력하고 괄호에는 지금 확인하려는 Part 개체의 이름을 입력합니다.

```
1  workspace.Model:FindFirstChild(|)        1  workspace.Model:FindFirstChild("Part")
```

07 마지막으로 왼쪽에 변수를 하나 넣습니다. 이 코드는 Model 안에 Part 개체가 있다면, 변수에는 그 Part 개체를 반환해주고, Model 안에 Part 개체가 없다면, 변수에는 **nil** 값을 반환해줍니다.

```
1  local modelPart = workspace.Model:FindFirstChild("Part")
```

08 print()로 변수를 출력해보았습니다.

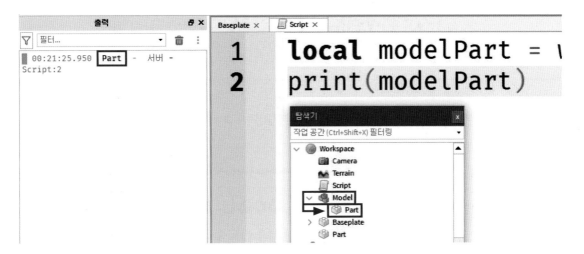

로블록스 스튜디오 TIP!

nil은 저장된 값이 없음을 나타냅니다. 자세한 의미는 **변수로 저장하기** 유닛의 06번 문단 참고.

❾❾ Model 안에 Part 개체가 있으면 Part 개체를 출력해줍니다.

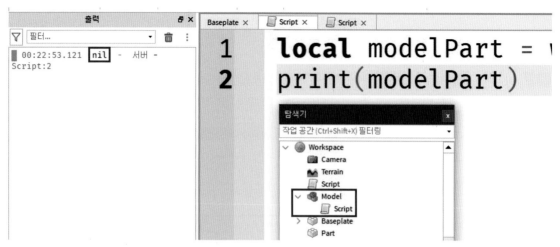

Model 안에 Part 개체가 없으므로 nil을 출력합니다.

주의사항

FindFirstChild는 개체를 이름으로 찾기 때문에, 같은 파트라도 이름이 Part가 아닌 Brick으로 다르다면 nil을 출력합니다.

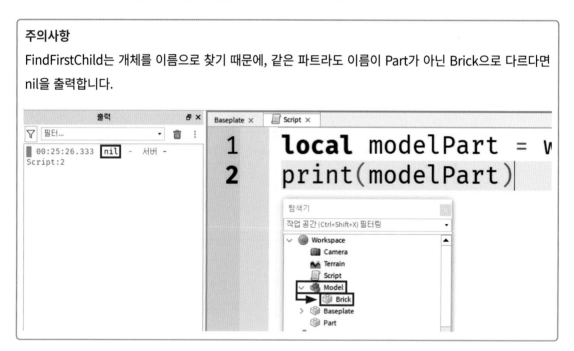

이번 유닛에서는 직접 함수를 선언하고 사용하는 방법, 내장 함수, 개체 함수를 배웠습니다.
함수의 개수는 너무 많아 이 책에서 전부 소개해드리진 못하며, 부록에서 소개할 **로블록스 개발자 허브**에서 자세한 정보를 얻을 수 있습니다.

UNIT 3 : 이벤트와 함수 연결하기

이벤트란 어떤 일에 대한 반응이라고 생각하면 됩니다. 파트에 다른 파트가 닿았을 때 반응, 파트 위치가 바뀌었을 때 반응, 캐릭터와 파트가 닿았을 때 반응 등이 있습니다.

파트에 다른 파트가 닿았을 때 반응인 Touched 이벤트를 써봅시다.

01 workspace에는 Part1과 Part2, 두 개의 파트가 있습니다.

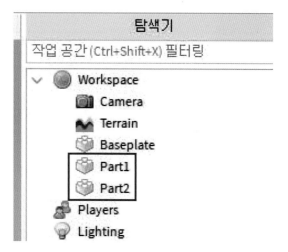

02 Part1을 탐색해줍니다. 점(.)을 찍고 Touched라고 적습니다. **Part1에 다른 파트가 닿았을 때 반** 응인 Touched 이벤트를 쓰는 데에 성공했습니다.

```
1    workspace.Part1
```

```
1    workspace.Part1.Touched
```

03 이벤트에는 함수를 연결할 수 있는데, 이벤트에 반응해 함수가 작동하도록 만들 수 있습니다(함수 호출).

다음은 **Part1의 색깔을 빨간색으로 바꾸는** 함수입니다. Touched 이벤트와 함수를 연결해, **Part1 에 다른 파트가 닿았을 때, Part1의 색깔을 빨간색으로 바꾸도록** 해봅시다.

```
1   function redPart()
2       workspace.Part1.BrickColor = BrickColor.new("Really red")
3   end
4
```

04 이벤트에 콜론(:)을 적고 Connect()라고 씁니다.

```
1   workspace.Part1.Touched:Connect()
```

05 괄호 안에는 함수 이름을 넣습니다.

Touched 이벤트와 redPart 함수가 연결되었습니다.

```
1   function redPart()
2       workspace.Part1.BrickColor = BrickColor.new("Really red")
3   end
4
5   workspace.Part1.Touched:Connect(redPart)
```

주의사항

(redPart()) 처럼 쓰면 안 됩니다. (redPart)처럼 오직 이름만 넣습니다.

```
5   workspace.Part1.Touched:Connect( redPart() )  (x)
```

---

06 직접 테스트해봅시다. Part1이 바닥의 파트에 닿지 않도록 살짝 띄워주고 앵커합니다. 이제 Part1 위에다가 Part2를 떨어트리면

 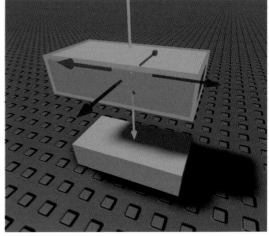

07 파트가 서로 닿으면서 Part1 색깔이 바뀌었습니다. 로블록스 캐릭터도 파트로 이루어져 있으므로, 직접 가서 파트를 밟아도 색깔이 바뀝니다.

08 다시 스크립트로 돌아와, 함수 이름 옆 괄호에 변수 이름을 하나 지어주세요.

```
1   function redPart(hit)
2       workspace.Part1.BrickColor = BrickColor.new("Really red")
3   end
4
5   workspace.Part1.Touched:Connect(redPart)
```

09 print()로 이것을 출력합니다.

```
1   function redPart(hit)
2       print(hit)
3       workspace.Part1.BrickColor = BrickColor.new("Really red")
4   end
5
6   workspace.Part1.Touched:Connect(redPart)
```

10 다시 Part2를 Part1에 떨어뜨리면, Part2가 출력됩니다.

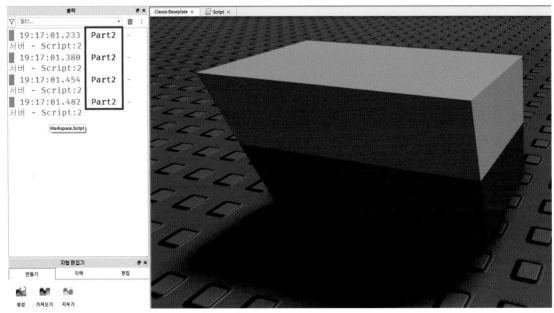

여러 번 출력된 이유는 파트가 떨어지면서 통통 튀었기 때문입니다.

11 hit라는 변수에 Part2가 들어온 것입니다. 이렇게 Touched 이벤트와 연결된 함수 괄호에 변수를 선언하면, 그 변수 안에 어떤 파트가 닿았는지 그 파트 개체가 들어옵니다. 그리고 우리는 그 변수를 함수 안에서 사용할 수 있습니다. 우리는 이런 형식의 변수를 **매개변수**라고 부릅니다.

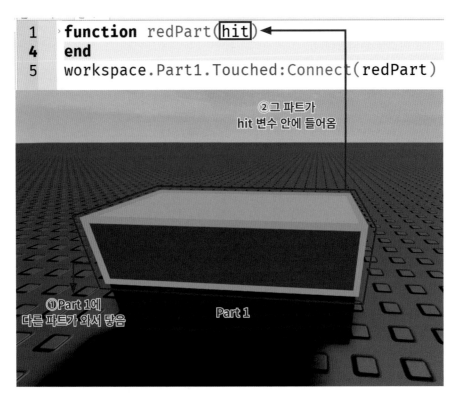

12 hit의 BrickColor를 파란색으로 바꾸는 스크립트를 써봅시다.

```
1  function redPart(hit)
2      hit.BrickColor = BrickColor.new("Really blue")
3      workspace.Part1.BrickColor = BrickColor.new("Really red")
4  end
5  workspace.Part1.Touched:Connect(redPart)
```

13 닿은 파트가 파랗게 변합니다. 이 파트를 캐릭터가 직접 밟는다면 hit 매개변수에 캐릭터의 발과 다리 파트가 들어오므로, 캐릭터의 발과 다리가 파랗게 변합니다.

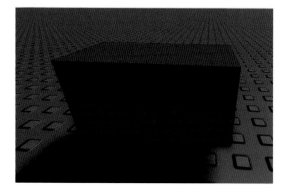

이번 유닛에서는 이벤트와 함수를 연결하는 법과 매개변수를 배웠습니다. 이번에 사용한 Touched 이벤트 말고도 이벤트는 많고, 이벤트마다 매개변수에 들어오는 값도 다양합니다. 하지만 이 책에서 전부 소개해드리진 못하며, 대신 부록의 **로블록스 개발자 허브** 유닛에서 소개하는 사이트에서 정보를 얻을 수 있습니다.

로블록스 스튜디오 TIP!

함수를 매번 따로 선언하기 귀찮다면, 이런 식으로 이벤트의 Connect 괄호 안에 곧바로 함수를 선언해도 됩니다. 이 경우, **함수의 이름은 지어주지 않습니다.**

```
1  function redPart(hit)
2      hit.BrickColor = BrickColor.new("Really blue")
3  end
4  workspace.Part1.Touched:Connect(redPart)
```

따로 선언한 경우

```
1  workspace.Part1.Touched:Connect(function(hit)
2      hit.BrickColor = BrickColor.new("Really blue")
3  end)
```

안에다가 곧바로 선언한 경우

UNIT 4: 킬파트, 데미지 파트 만들기

이번 유닛부터는 본격적인 스크립트 코딩을 담고 있습니다. **함수 만들어 써보기, 이벤트와 함수 연결하기** 유닛을 아직 보지 않으셨다면 보고 와주시기 바라며, **스크립트 입문** 챕터부터 공부하고 오시면 내용을 더 쉽게 이해할 수 있습니다.

다른 유닛에서 넘어와서 이 부분의 내용이 너무 어렵다면 **도구상자 사용법** 유닛 235쪽을 참고

01 킬파트를 직접 처음부터 만들어봅시다! 점프맵으로 와서 파트를 새로 생성해 줍니다. 앵커도 하고, 재질도 네온으로 바꾸어 킬파트처럼 꾸며봅니다.

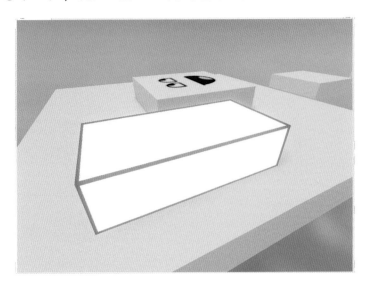

02 탐색기를 통해 파트에 스크립트를 넣습니다.
킬파트를 만들 준비가 끝났습니다.

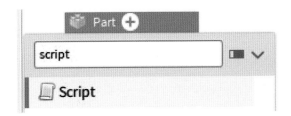

03 킬파트 스크립트는 다음과 같이 구성됩니다.

> ① 킬파트에 다른 파트가 닿았을 때
> ② -> 닿은 파트가 로블록스 캐릭터의 일부라면
> ③ -> 그 캐릭터를 죽인다./ 데미지를 준다.

킬파트 스크립트를 만드는 방법을 순서대로 알아봅시다.

① 킬파트에 다른 파트가 닿았을 때

01 우선 파트부터 구해줍니다. 이번에는 스크립트가 킬파트 안에 들어있기 때문에(파트의 자식) 다음처럼 Parent를 써서 파트를 탐색해줍니다.

02 **이벤트와 함수 연결하기** 유닛에서 파트에 뭔가 닿았을 때 반응하는 이벤트인 **Touched**를 배웠습니다. 그것을 사용합니다.

```
1   script.Parent.Touched:Connect()
```

03 다음 단계로 이어주기 위해 함수와 연결합니다. 이 함수에서는 **닿은 파트가 로블록스 캐릭터의 일부인지** 확인하고, **그 캐릭터를 죽이는(또는 데미지를 주는)** 동작을 할 겁니다.

```
1   function kill()
2
3   end
4   script.Parent.Touched:Connect(kill)
```

◉1 **이벤트와 함수 연결하기** 유닛 11번 문단에서 Touched 이벤트와 연결된 함수는, 매개변수에 어떤 파트가 닿았는지 들어온다고 배웠습니다.

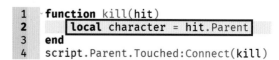

```
1  function kill(hit)
2
3  end
4  script.Parent.Touched:Connect(kill)
```

◉2 만약 그 파트가 로블록스 캐릭터의 일부라면, 파트의 부모가 로블록스 캐릭터 모델입니다.

◉3 파트의 부모를 변수에 저장했습니다. 그런데 이것이 정말 캐릭터 모델인지 어떻게 확인할까요?

```
1  function kill(hit)
2    local character = hit.Parent
3  end
4  script.Parent.Touched:Connect(kill)
```

◉4 NPC를 포함한 모든 로블록스 캐릭터는 모델 안에 **Humanoid(휴머노이드)** 개체가 자식으로 있습니다. 그래서 모델 안에 **Humanoid** 개체가 있는지 없는지 확인하여 모델이 캐릭터인지 아닌지 확인할 수 있습니다.

05 다른 종류의 함수들 유닛에서 어떤 개체가 안에 들어있는지 확인해주는 함수 FindFirstChild()를 배웠습니다.

파트의 부모를 저장한 변수 character에 FindFirstChild("Humanoid")를 써서 Humanoid 개체가 있는지 확인합니다.

```
character:FindFirstChild()     character:FindFirstChild("Humanoid")
```

06 찾은 Humanoid 개체를 저장할 변수 human을 추가합니다. 만약 파트에 Humanoid가 있다면 human 변수에 Humanoid 개체가 반환되고, Humanoid가 없다면 human 변수에 nil 값이 반환됩니다.

```
1  function kill(hit)
2      local character = hit.Parent
3      local human = character:FindFirstChild("Humanoid")
4  end
5  script.Parent.Touched:Connect(kill)
```

07 마지막으로 조건문을 사용해 Humanoid가 있을 때만 캐릭터를 죽이도록 합니다. 조건 자리에 들어갈 'Humanoid가 있다' 조건은 어떻게 표현할까요?

```
if Humanoid가 있다 then
    캐릭터를 죽인다/데미지를 준다
end
```

08 ③번을 하기 전에 조건문에 대해서 조금 복습하고 넘어갑시다. **조건문 사용하기** 유닛 18번 문단에서 배운 대로라면, 조건 자리에 등호(==)없이 단순 값만 넣은 경우에는 조건이 참으로 인식됩니다. 반대로 조건 자리에 nil 값이 들어오면 거짓으로 인식됩니다. 따라서 human 변수를 그대로 넣습니다.

```
if human then
    캐릭터를 죽인다/대미지를 준다
end
```

human 변수를 그대로 넣으면, Humanoid 개체가 있을 때만 조건문 안의 내용이 실행되고, Humanoid가 없어서 nil이 들어오면 조건문 안의 내용이 실행되지 않습니다.

01 캐릭터 모델 안의 Humanoid를 살펴보면, 속성 중에 **Health**가 있습니다. **Health**는 캐릭터의 체력을 나타내는 속성입니다. **Health** 값이 0이 되면 캐릭터가 죽습니다.

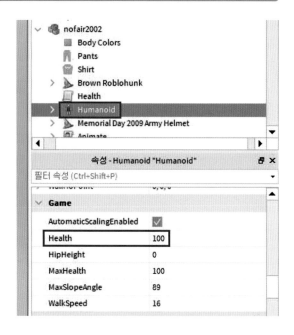

02 Humanoid의 Health 속성을 찾아 0으로 만들면 킬파트 완성입니다.

```
if human then
    human.Health = 0
end
```

03 완성된 킬파트 스크립트 전체입니다

```
1  function kill(hit)
2      local character = hit.Parent
3      local human = character:FindFirstChild("Humanoid")
4      if human then
5          human.Health = 0
6      end
7  end
8  script.Parent.Touched:Connect(kill)
```

로블록스 스튜디오 TIP!

반대로, Humanoid의 Health 속성을 100으로 만드는 스크립트를 쓰면 **체력 회복 파트**를 만들 수도 있습니다.

```
if human then
    human.Health = 100
end
```

04 데미지 파트를 만들고 싶을 땐, 우선 새로운 변수에 현재 체력(currentHealth) 값을 저장합니다.

```
if human then
    local currentHealth = human.Health
    human.Health = 0
end
```

05 human.Health의 값을 그 변수에서 5만큼 뺀 값으로 설정합니다. 그러면 밟을 때마다 체력이 5씩 깎입니다.

```
if human then
    local currentHealth = human.Health
    human.Health = currentHealth - 5
end
```

06 완성된 데미지 스크립트 전체입니다.

```
1  function kill(hit)
2      local character = hit.Parent
3      local human = character:FindFirstChild("Humanoid")
4      if human then
5          local currentHealth = human.Health
6          human.Health = currentHealth - 5
7      end
8  end
9  script.Parent.Touched:Connect(kill)
10
```

고수를 위한 로블록스 스튜디오 TIP!

변수와 함수 선언을 모두 생략해 킬파트를 다음처럼 쓸 수도 있습니다.

```
1  script.Parent.Touched:Connect(function(hit)
2      if hit.Parent:FindFirstChild("Humanoid") then
3          hit.Parent.Humanoid.Health = 0
4      end
5  end)
```

데미지 파트도 변수를 생략하고 currentHealth 변수 자리에 human.Health를 곧바로 넣어도 됩니다.

```
if human then
    human.Health = human.Health - 5
end
```

고수를 위한 로블록스 스튜디오 TIP!

데미지 파트를 만들 때 데미지를 주는 함수 TakeDamage()를 ` human:TakeDamage(5) ` 쓰기도 하는데요, 괄호에 5를 넣으면 데미지를 5 주는 식으로 작동하는 함수입니다.

TakeDamage는 중력장(포스필드)이 있는 캐릭터는 데미지를 주지 않습니다(Health 속성에서 직접 -5할 땐 무조건 데미지 줌).

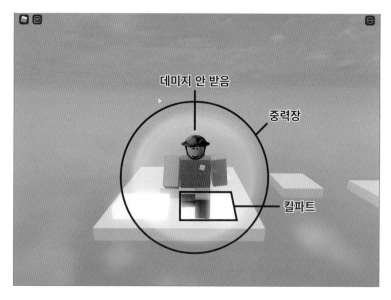

중력장(포스필드)이 무엇인지, 어떻게 없애는지 궁금하다면 **스폰 설치하고 테스트하기** 유닛 마지막 부분을 참고해 보세요.

07 데미지 파트로 새로운 단계도 만들어보겠습니다.

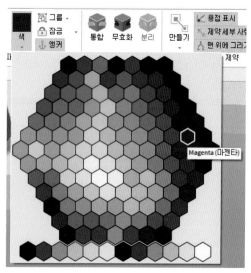

앞선 내용을 참고하여 파트를 만듭니다. 저는 마젠타 색상의 파트를 만들었습니다.

08 데미지 파트로 둘러싸인 좁은 길입니다. 폭이 4 스터드 밖에 안 돼서 통과하려면 반드시 데미지 파트에 닿게 됩니다. 그래서 데미지 파트가 체력을 0까지 깎기 전에 재빠르게 통과해야 하는 단계입니다!

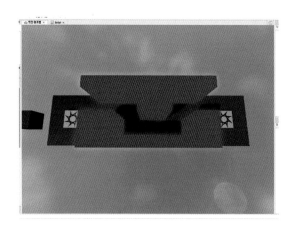

UNIT 5: 순간이동 포탈 만들기

킬파트, 데미지 파트 만들기 유닛을 먼저 보고 오시면 이번 유닛을 이해하고 따라오기 쉽습니다.

01 닿았을 때 특정 위치로 순간이동 시켜주는 파트입니다. 앵커된 파트를 하나 새로 생성해주세요. 파트 안에 스크립트도 넣습니다. 스크립트를 넣은 파트가 순간이동 파트입니다.

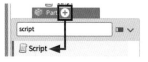

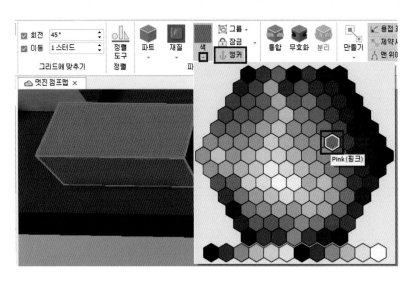

02 파트를 하나 더 생성해서 하늘 위에다가 배치했습니다. 크기는 (4, 1, 4)입니다. 저 파트가 순간이동의 목적지입니다.

03 위쪽에 생성한 파트를 선택하고, 파트 속성 중에서 Position을 찾으세요. 숫자 3개가 적혀있는데, 이것이 바로 이 파트의 **좌표**입니다. 숫자를 기억해둡니다.

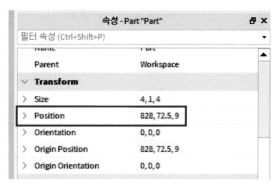

로블록스 스튜디오 TIP!

좌표란, 파트의 위치를 숫자로 표현한 겁니다.

로블록스에서는 각각 가로, 높이, 세로 순서대로 나타내요.

초록 - 높이
빨강 - 가로
파랑 - 세로

기본적인 준비가 끝났으니, 본격적으로 순간이동 포탈을 만들어봅시다.

01 이전에 만들었던 순간이동 파트의 스크립트로 들어와서 Touched 이벤트와 함수를 연결해줍니다. 매개변수 hit도 잊지 말고요. (**이벤트와 함수 연결하기** 유닛에서 배운 내용)

```
1   function teleport(hit)
2
3   end
4   script.Parent.Touched:Connect(teleport)
```

02 Touched 이벤트는 어떤 파트가 닿았을 때 반응하는 이벤트입니다. 매개변수 hit에는 닿은 파트가 들어옵니다. 우리는 순간이동 파트에 누군가의 다리가 닿았을 때 특정 좌표로 캐릭터를 이동시킬 것입니다.

플레이어 캐릭터가 순간이동 파트를 밟으면 매개변수 hit에는 그 캐릭터의 다리 파트가 들어올 겁니다. 캐릭터 다리 파트의 부모는 캐릭터 모델이 되므로, 캐릭터는 다음과 같이 구합니다.

```
1   function teleport(hit)
2       local character = hit.Parent
3   end
4   script.Parent.Touched:Connect(teleport)
```

03 다음에는 character 변수에 들어온 것이 정말 캐릭터 모델이 맞는지 확인합니다. 전혀 상관없는 일반 모델이 들어올 수도 있으니까요.

탐색기로 캐릭터 모델을 열어보면 안에 Humanoid라는 개체가 있습니다. 이것의 유무로 캐릭터가 맞는지 판단할 수 있습니다.

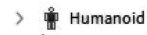

모든 캐릭터는 Humanoid 개체가 있다.

```
local human = character:FindFirstChild("Humanoid")
```

FindFirstChild를 이용하여 Humanoid 개체가 있는지 확인해보자.

04 결과를 조건문에 넣습니다. 조건문 조건에 nil 값이 들어오면 거짓으로 판단하고, Humanoid가 들어오면 참으로 판단합니다. 그러므로 Humanoid가 있을 때, 즉 캐릭터가 맞을 때만 조건문 안의 내용을 실행시킬 수 있습니다.

```
1   function teleport(hit)
2       local character = hit.Parent
3       local human = character:FindFirstChild("Humanoid")
4       if human then
5
6       end
7   end
8   script.Parent.Touched:Connect(teleport)
```

01 1. 모델의 개체 함수 중에는 **MoveTo**가 있습니다. M과 T는 대문자입니다. 모델을 특정 좌표로 이동시킬 때 사용하는 함수입니다.

```
character:MoveTo()
```

02 괄호에 목적지 좌표를 입력하면 됩니다. 단, 좌표 숫자를 바로 입력하면 안 됩니다!

```
character:MoveTo(828, 72.5, 9) (X)
```

03 좌표값을 입력할 때는 따로 입력 방법이 있습니다. Vector3.new()라고 적습니다. V만 대문자입니다. 여기에 좌표 숫자를 입력합니다.

```
Vector3.new()    Vector3.new(828, 72.5, 9)
```

04 MoveTo()에 넣습니다.

```
character:MoveTo(Vector3.new(828, 72.5, 9))
```

05 완성된 순간이동 스크립트입니다.

```
1  function teleport(hit)
2      local character = hit.Parent
3      local human = character:FindFirstChild("Humanoid")
4      if human then
5          character:MoveTo(Vector3.new(828, 72.5, 9))
6      end
7  end
8  script.Parent.Touched:Connect(teleport)
```

06 테스트를 통해 스크립트가 잘 동작하는지 확인해봅시다.

07 아래쪽에 체크포인트 배치해서 다음 지역으로 뛰어내려 착지하게 합시다.

저는 이전 단계와 24 스터드 떨어진 곳에 배치했습니다.

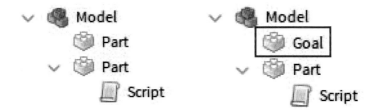

위의 스크립트는 목적지 파트의 위치를 옮길 경우, 그 위치가 적용되지 않습니다. 파트 위치가 바뀌면 순간이동 위치도 같이 바뀌도록 스크립트를 짜봅시다.

01 순간이동 파트와 목적지 파트를 모델로 묶습니다(**첫 파트 배치하기** 유닛 참고). 목적지 파트의 이름을 Goal로 바꿉니다.

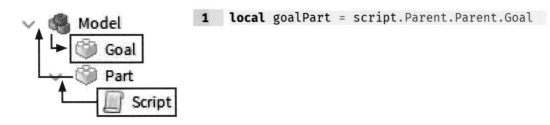

02 **스크립트로 파트 탐색하기** 유닛에서 배운대로 Goal 파트를 탐색합니다.

```
1   local goalPart = script.Parent.Parent.Goal
```

03 아까 우리가 목적지 파트의 속성 중 Position의 값을 찾아 넣었듯, MoveTo()함수에 Goal 파트의 Position을 그대로 넣으면 됩니다. 그럼 Position 속성의 값이 그대로 들어옵니다.

```
character:MoveTo(goalPart.Position)
```

04 완성된 스크립트입니다.

```
1   local goalPart = script.Parent.Parent.Goal
2
3   function teleport(hit)
4       local character = hit.Parent
5       local human = character:FindFirstChild("Humanoid")
6       if human then
7           character:MoveTo(goalPart.Position)
8       end
9   end
10  script.Parent.Touched:Connect(teleport)
```

로블록스 스튜디오 TIP! - 더 자세한 이야기

정확히 따지면 파트 위치로 순간이동 했을 때 캐릭터
의 모습은 이래야 합니다:

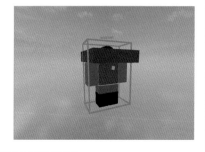

파트 위의 위치로 이동시킨 것이 아니라. 파트의 위치와 겹치게 이동시켰기 때문입니다.

근데 왜 테스트에선 파트에 끼지 않고 파트 위로 순간이동 된 걸까요?

MoveTo를 이용해서 순간이동 할 때,
순간이동 위치를 다른 파트가 가로막고 있으면

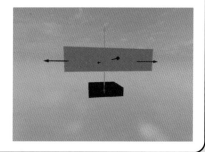

이렇게 그 파트 위로 순간이동 됩니다.

그래서 순간이동할 위치에는 항상 충분한 공간을 마련해 주어야 합니다.

만약 천장이 있는데 천장이 너무 낮으면 천장 위로 이동해버릴 수도 있을 테니까요.

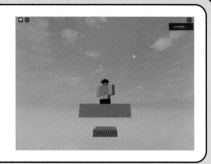

UNIT 6: 체크포인트 파트 만들기

킬파트, 데미지 파트 만들기 유닛을 먼저 보고 오시면 이번 유닛을 이해하고 따라오기 쉽습니다.
다른 유닛에서 넘어와서 이 부분의 내용이 너무 어렵다면 **도구상자 사용법** 유닛 235쪽을 참고

점프맵에서 죽을 때마다 맨 처음부터 하고 싶어 하는 사람은 없겠죠? 중간부터 이어서 할 수 있게 해주는 체크포인트 파트입니다.
체크포인트 스크립트가 하는 일은 간단합니다.

1 스폰 파트 밟았을 때
2 -> 플레이어가 조종하는 캐릭터인지 확인
3 -> 리스폰 지점을 새로운 스폰 파트로 변경

1 스폰 파트 밟았을 때

01 먼저, 상단 메뉴 모델에서 스폰을 하나 생성합니다. 리스폰 지점은 스폰 파트로만 설정할 수 있으므로, 일반 파트는 쓰지 말아 주세요.

02 탐색기에서 스폰에 스크립트를 하나 추가합니다.

03 script.Parent로 스폰 개체를 구해주고, 스폰도 파트의 일종이므로 Touched 이벤트가 있습니다. 함수를 연결해주고 매개변수 hit도 넣습니다(Touched가 무엇인지는 **이벤트와 함수 연결하기** 유닛 참고).

```
1   function checkpoint(hit)
2
3   end
4   script.Parent.Touched:Connect(checkpoint)
```

04 Touched 이벤트는 어떤 파트가 닿았을 때 반응하는 이벤트입니다. 매개변수 hit에는 닿은 파트가 들어옵니다.

우리는 스폰 파트에 어떤 플레이어의 캐릭터가 닿았을 때, 그 플레이어의 리스폰 지점을 그 파트로 설정해줄 겁니다. 플레이어 캐릭터가 파트를 밟으면 매개변수 hit에는 그 캐릭터의 다리 파트가 들어올 것입니다. 그 파트의 부모는 캐릭터 모델이 되므로, 캐릭터는 다음과 같이 구합니다.

```
1   function checkpoint(hit)
2       local character = hit.Parent
3   end
4   script.Parent.Touched:Connect(checkpoint)
```

② 플레이어가 조종하는 캐릭터인지 확인

그다음엔 character 변수에 들어온 것이 정말 플레이어의 캐릭터 모델이 맞는지 확인합니다. 플레이어가 아닌 것의 리스폰 지점을 설정할 수는 없으니까요.

킬파트, 데미지 파트 만들기 유닛에서는 캐릭터 모델의 Humanoid를 찾았습니다. 그러나 Humanoid는 NPC 캐릭터도 가지고 있습니다. 우리가 필요한 것은 오직 플레이어의 캐릭터입니다. 정확히는 그 캐릭터를 조종하는 **플레이어 개체**가 필요합니다.

01 탐색기에서 Players 개체를 찾습니다. 이 개체는 서버에 접속한 플레이어들을 관리하는 역할을 합니다.

02 당장 테스트 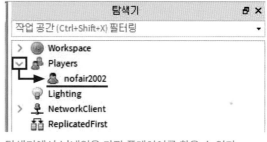 를 켜면, 위처럼 Players 개체 안에 당신의 닉네임을 가진 개체가 생성됩니다. 이 개체를 찾는 것이 목표입니다.

탐색기에서 닉네임을 가진 플레이어를 찾을 수 있다.

03 스크립트에서 game.Players라고 쓰면 Players 개체를 구할 수 있습니다.

`game.Players`

04 Players 개체의 함수 중에는 GetPlayerFromCharacter()가 있습니다. Get, Player, From, Character 4개의 단어를 이어붙이면 됩니다.

`game.Players:GetPlayerFromCharacter()`

05 이 함수는 괄호에 캐릭터 모델을 넣으면, 그 캐릭터를 조종하는 플레이어 개체를 반환해 줍니다.

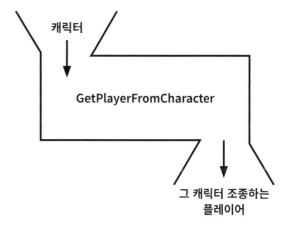

06 character 변수를 넣으면 되겠네요.

```
1   function checkpoint(hit)
2       local character = hit.Parent
3       game.Players:GetPlayerFromCharacter(character)
4   end
```

07 player 변수에 그 결과를 반환받도록 합시다. 그 캐릭터를 조종하는 플레이어가 있다면 Players 개체 안에서 보았던 그 개체가 반환되고, 그 캐릭터를 조종하는 플레이어가 없다면(또는 애초에 캐릭터조차 아니라면) nil 값이 반환됩니다.

```
1   function checkpoint(hit)
2       local character = hit.Parent
3       local player = game.Players:GetPlayerFromCharacter(character)
4   end
```

08 마지막으로 조건문을 쓰고, 이 변수를 넣습니다. nil 값이 반환된 경우(플레이어가 없을 때)를 거르기 위해서입니다(**킬파트, 데미지 파트 만들기** 유닛의 ② **닿은 파트가 로블록스 캐릭터의 일부라면** 부분 참고).

```
3       local player = game.Players:GetPlayerFromCharacter(character)
4       if player then
5   
6       end
```

● 01 테스트를 켠 상태에서, 플레이어 개체를 열어보면 **RespawnLocation**이라는 속성이 있습니다. 평소에 이 속성이 공백일 때는 리스폰 가능한 스폰 위치 중 하나에 무작위로 리스폰되지만, 여기에 특정 스폰 파트를 입력하면, 무조건 그곳에서만 리스폰됩니다.

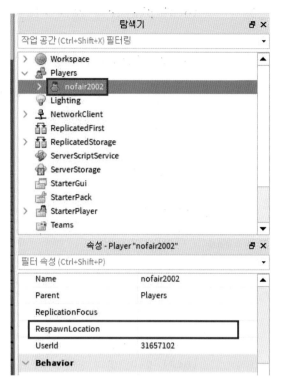

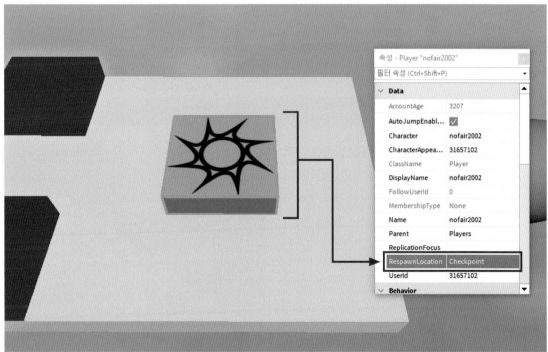

이것을 스크립트로 해주는 것입니다.

02 우리는 이미 플레이어 개체를 구했습니다.

```
3        local player = game.Players:GetPlayerFromCharacter(character)
```

03 여기서 RespawnLocation 속성을 찾아주고

```
4        if player then
5            player.RespawnLocation
6        end
```

04 이 값을 스크립트가 들어있는 스폰 개체로 설정하면 됩니다.

```
if player then
    player.RespawnLocation = script.Parent
end
```

```
∨  ☼ SpawnLocation
      📖 Script
      🖼 Decal
```

05 완성된 스크립트입니다.

```
1  function checkpoint(hit)
2      local character = hit.Parent
3      local player = game.Players:GetPlayerFromCharacter(character)
4      if player then
5          player.RespawnLocation = script.Parent
6      end
7  end
8  script.Parent.Touched:Connect(checkpoint)
```

4 최초 스폰 설정하기

01 체크포인트를 밟은 플레이어는 도착한 체크포인트에서만 리스폰해야 하지만, **게임에 새로 접속하는 플레이어**는 최초 스폰 지점에서만 스폰해야 합니다.

02 최초 스폰에도 스크립트를 넣습니다.

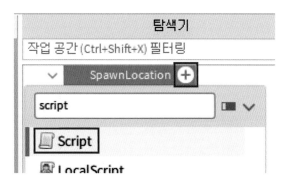

03 **게임에 새로 접속하는 플레이어**는 어떻게 구할까요?

우선 플레이어 관련 일이므로 조금 전처럼 Players 개체를 구해줍니다.

```
1    game.Players
```

04 Players 개체에는 PlayerAdded라는 이벤트가 있습니다. **게임에 새 플레이어가 접속할 때** 반응하는 이벤트입니다.

```
1    game.Players.PlayerAdded
```

05 **이벤트와 함수 연결하기** 유닛에서 배운 것을 떠올리며 함수와 연결합니다.

```
1    function setSpawn()
2
3    end
4    game.Players.PlayerAdded:Connect(setSpawn)
```

06 Players 개체에는 PlayerAdded라는 이벤트가 있습니다. **게임에 새 플레이어가 접속할 때** 반응하는 이벤트입니다.

```
1    function setSpawn(player)
2
3    end
4    game.Players.PlayerAdded:Connect(setSpawn)
```

07 그 후부터는 간단합니다. 체크포인트 스크립트 만들 때 하듯이 그 플레이어의 **RespawnLocation**을 최초 스폰 개체로 설정해주면 됩니다.

```
1    function setSpawn(player)
2        player.RespawnLocation = script.Parent
3    end
4    game.Players.PlayerAdded:Connect(setSpawn)
```

UNIT 7 : 밟으면 사라지는 길 만들기!

> **킬파트, 데미지 파트 만들기** 유닛을 먼저 보고 오시면 이번 유닛을 이해하고 따라오기 쉽습니다.
>
> **2. 함수와 이벤트** 중 가장 어려운 유닛이므로, 다른 유닛들을 먼저 둘러보고 오는 것도 좋습니다.

밟는 순간 사라지기 시작해서, 재빠르게 다음 파트로 넘어가야 하는 길을 만들어 봅시다. 사라지는 파트는 아래의 과정을 가집니다.

> ① 파트를 밟았을 때 감지
> ② -> 파트 사라지게 하기
> ③ -> 파트 다시 나타나게 하기
> ④ -> 함수 중복 실행 방지

01 파트 새로 생성 후, 앵커와 색칠을 해주겠습니다.

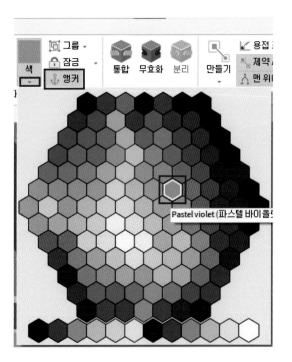

02 그리고 파트에 스크립트를 추가합니다.

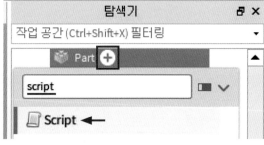

●1 가장 먼저 Touched 이벤트와 함수를 연결해줍니다. 매개변수 hit도 잊지 마세요 (**이벤트와 함수 연결하기** 유닛에서 배운 내용). Touched 이벤트는 어떤 파트가 닿았을 때 반응하는 이벤트입니다. 매개변수 hit에는 닿은 파트가 들어옵니다.

```
1  function disappear(hit)
2
3  end
4  script.Parent.Touched:Connect(disappear)
```

●2 우리는 파트에 누군가의 다리가 닿았을 때 파트가 사라지게 만들 것입니다.
hit 매개변수에 닿은 파트가 들어오므로, 그 부모가 캐릭터 모델이 됩니다.

```
1  function disappear(hit)
2      local character = hit.Parent
3  end
4  script.Parent.Touched:Connect(disappear)
```

●3 캐릭터 모델(character) 안에 Humanoid 개체가 있는지 확인해,
character에 들어온 개체가 정말 캐릭터 모델이 맞는지 확인할 수 있습니다.

```
1  function disappear(hit)
2      local character = hit.Parent
3      local human = character:FindFirstChild("Humanoid")
4      if human then
5          |
6      end
7  end
8  script.Parent.Touched:Connect(disappear)
```

킬파트, 데미지 파트 만들기 유닛의 의 154쪽 4번 문단 참고

●1 파트 속성 중에는 **Transparency** 속성이 있습니다. 파트의 Transparency를 0부터 1까지 서서히 커지게 하면 파트가 조금씩 사라지는 연출을 할 수 있습니다.

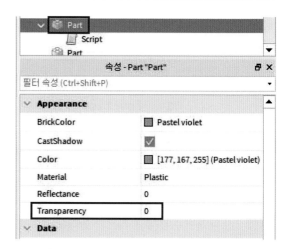

●2 **다른 종류의 함수들** 유닛 01번 문단에서 배운 wait() 함수를 이용해 0.1초마다 파트의 Transparency를 0.1씩 높여줍니다.
wait()를 사용하지 않을 경우, 스크립트가 **매우 빠르게 작동**합니다. 그렇게 되면 눈 깜짝하기도 전에 바로 사라져버려요.

```
 4      if human then
 5          script.Parent.Transparency = 0.1
 6          wait(0.1)
 7          script.Parent.Transparency = 0.2
 8          wait(0.1)
 9          script.Parent.Transparency = 0.3
10          wait(0.1)
11          script.Parent.Transparency = 0.4
12          wait(0.1)
13          script.Parent.Transparency = 0.5
14          wait(0.1)
15          script.Parent.Transparency = 0.6
16          wait(0.1)
17          script.Parent.Transparency = 0.7
18          wait(0.1)
19          script.Parent.Transparency = 0.8
20          wait(0.1)
21          script.Parent.Transparency = 0.9
22          wait(0.1)
23          script.Parent.Transparency = 1
24      end
```

●3 또한, 사라진 파트는 밟을 수 없어야 합니다. **밟히지 않고 쑤욱 통과되는 파트** 유닛을 보면, 파트 속성 중 **CanCollide** 속성이 있습니다.

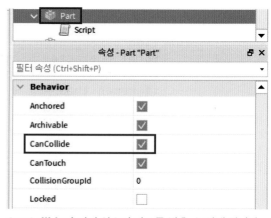

CanCollide가 꺼져 있으면 파트를 밟을 수 없게 됩니다.

```
 4      if human then
 5          script.Parent.Transparency = 0.1
 6          wait(0.1) — 0.1초 대기
 7          script.Parent.Transparency = 0.2
 8          wait(0.1) — 0.1초 대기
                    : 반복
                    :
```
0.1 증가

04 파트가 완전히 투명해진(**Transparency**가 1이 된) 직후에 **CanCollide** 속성도 꺼주었습니다.

```
23          script.Parent.Transparency = 1
24          script.Parent.CanCollide = false
```

왜 false라고 쓰는지는 **스크립트로 파트 편집하기** 유닛의 12~15번 문단 참고

05 이제 파트는 눈앞에서 완전히 사라졌고, 밟을 수도 없습니다.

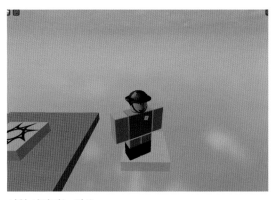

서히 사라지는 파트

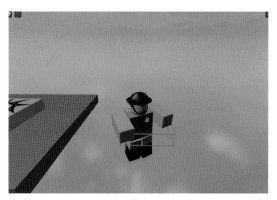

완전히 사라지며 쑤욱 통과

③ 파트 다시 나타나게 하기

01 파트가 눈앞에서 사라진 상태에서 3초를 더 기다립니다.

```
23          script.Parent.Transparency = 1
24          script.Parent.CanCollide = false
25          wait(3)
```

02 그 후, 다시 **Transparency**를 0으로, **CanCollide**도 **true**로 돌려놓습니다.

```
25          wait(3)
26          script.Parent.Transparency = 0
27          script.Parent.CanCollide = true
```

01 Touched 이벤트는 **파트에 파트가 닿았을 때마다 반응합니다**. 그 말인즉슨, 이미 파트가 **사라지고 있는 도중에** 누가 또 파트를 밟으면 같은 함수가 **중복**으로 작동되면서 문제가 생길 수 있습니다.

원래라면 아래 사진의 **주황색 부분**만 실행되어야 하는 것이, 누가 중간에 파트를 또 밟는 바람에 **파란색 부분**이 끼어들어 스크립트가 엉망이 되는 것입니다.

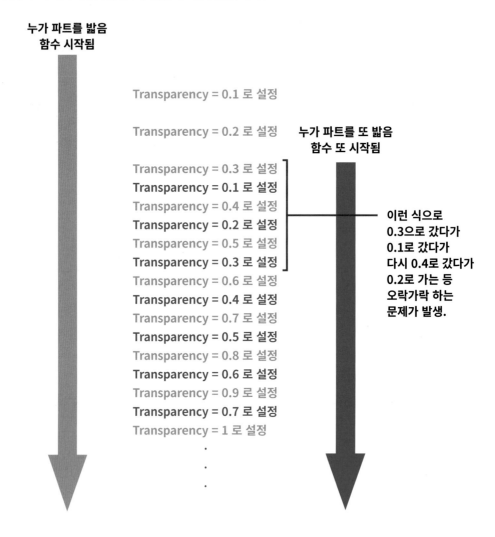

누가 파트를 밟음
함수 시작됨

Transparency = 0.1 로 설정

Transparency = 0.2 로 설정

누가 파트를 또 밟음
함수 또 시작됨

Transparency = 0.3 로 설정
Transparency = 0.1 로 설정
Transparency = 0.4 로 설정
Transparency = 0.2 로 설정
Transparency = 0.5 로 설정
Transparency = 0.3 로 설정
Transparency = 0.6 로 설정
Transparency = 0.4 로 설정
Transparency = 0.7 로 설정
Transparency = 0.5 로 설정
Transparency = 0.8 로 설정
Transparency = 0.6 로 설정
Transparency = 0.9 로 설정
Transparency = 0.7 로 설정
Transparency = 1 로 설정

이런 식으로
0.3으로 갔다가
0.1로 갔다가
다시 0.4로 갔다가
0.2로 가는 등
오락가락 하는
문제가 발생.

02 따라서 파트가 **사라지는 도중**에 코드가 작동하면 안 됩니다! 그래서 파트가 **사라지고 있지 않을 때**, 파트가 **다시 나타나서 함수가 끝났을 때**, 파트 Transparency가 0으로 설정되었을 때만 작동하도록 조건문에 다음 조건을 추가해야 합니다.

```
script.Parent.Transparency == 0
```

●3 캐릭터가 밟은 경우에만 작동하도록 하는 조건문이 이미 여기 있으므로

```
1  function disappear(hit)
2      local character = hit.Parent
3      local human = character:FindFirstChild("Humanoid")
4      if human then
5          script.Parent.Transparency = 0.1
6          wait(0.1)
7          script.Parent.Transparency = 0.2
8          wait(0.1)
9          script.Parent.Transparency = 0.3
```

●4 이 조건문에 **and**를 써서 조건을 추가해줍니다. 조건문에서 and는 추가 조건을 의미합니다.
(조건문 사용하기 유닛 16번 문단 참고)

```
1  function disappear(hit)
2      local character = hit.Parent
3      local human = character:FindFirstChild("Humanoid")
4      if human and script.Parent.Transparency == 0 then
5          script.Parent.Transparency = 0.1
6          wait(0.1)
7          script.Parent.Transparency = 0.2
8          wait(0.1)
9          script.Parent.Transparency = 0.3
```

●5 완성한 스크립트 전체입니다.

```
1   function disappear(hit)
2       local character = hit.Parent
3       local human = character:FindFirstChild("Humanoid")
4       if human and script.Parent.Transparency == 0 then
5           script.Parent.Transparency = 0.1
6           wait(0.1)
7           script.Parent.Transparency = 0.2
8           wait(0.1)
9           script.Parent.Transparency = 0.3
10          wait(0.1)
11          script.Parent.Transparency = 0.4
12          wait(0.1)
13          script.Parent.Transparency = 0.5
14          wait(0.1)
15          script.Parent.Transparency = 0.6
16          wait(0.1)
17          script.Parent.Transparency = 0.7
18          wait(0.1)
19          script.Parent.Transparency = 0.8
20          wait(0.1)
21          script.Parent.Transparency = 0.9
22          wait(0.1)
23          script.Parent.Transparency = 1
24          script.Parent.CanCollide = false
25          wait(3)
26          script.Parent.Transparency = 0
27          script.Parent.CanCollide = true
28      end
29  end
30  script.Parent.Touched:Connect(disappear)
```

06 마지막으로, 이 파트를 여러 개 이어주어 **밟으면 사라지는 길**을 만들어줍시다(끝에 체크포인트도 덤).

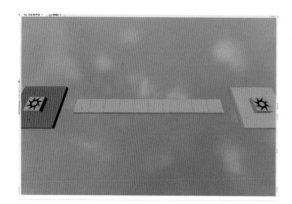 

뛰어가면 사라지는 파트가 완성되었다!

고수를 위한 로블록스 스튜디오 TIP!

이후 **for 반복문 써보기** 유닛에서 배우는 for 반복문을 활용하면 다음처럼 스크립트를 쓸 수도 있습니다.

```
 1  function disappear(hit)
 2      local character = hit.Parent
 3      local human = character:FindFirstChild("Humanoid")
 4      if human and script.Parent.Transparency == 0 then
 5          for i=1, 10 do
 6              script.Parent.Transparency = i/10
 7              wait(0.1)
 8          end
 9          script.Parent.CanCollide = false
10          wait(3)
11          script.Parent.Transparency = 0
12          script.Parent.CanCollide = true
13      end
14  end
15  script.Parent.Touched:Connect(disappear)
```

CHAPTER 3.
반복문

스크립트 입문 챕터의 내용을 알아야 따라올 수 있습니다. 반드시 앞의 챕터 먼저 읽고 와주세요.

UNIT 1 : while 반복문 써보기

01 **while 반복문**은 조건이 참일 동안 특정 코드를 반복할 때 사용합니다. 조건이 **참(true)**일 동안 **do**와 **end** 사이의 코드를 반복 실행하고, 조건이 **거짓(false)**으로 바뀌면 반복을 멈춥니다. 조건이 처음부터 **거짓**이면 아예 실행하지 않습니다.

```
        (조건)
1  while true do
2      print("Hello World!")
3  (코드)print("Hi!")
4  end
```

02 while 반복문 조건에 **true**를 넣어 의도적으로 무한 반복하게 만들기도 합니다. **무한 반복문**입니다.

```
1  while true do
2
3  end
```

03 무한 반복문은 함부로 쓰면 오류를 일으킬 수 있습니다. 반드시 반복문 안에 wait()를 넣어주어야 합니다. wait()는 특정 시간동안 기다리는 함수로, 코드 실행 속도가 너무 빨라지지 않도록 제어해줍니다.

```
1  while true do
2      wait()
3  end
```

로블록스 스튜디오 TIP!
굳이 무한 반복문이 아니더라도, 일정 기간 계속 반복되는 반복문이라면 꼭 wait()를 넣어 오류를 방지해주세요.

고수를 위한 로블록스 스튜디오 TIP!

while true do와 wait()를 따로 쓰는 대신 **while wait( ) do** 로 쓰는 사람도 있습니다.

wait() 함수는 실행 후 정확히 몇 초를 기다렸는지 숫자값을 항상 반환해줍니다. 조건에 들어오는 값이 nil이나 false만 아니면 참으로 인식되니까(조건문 사용하기 유닛의 137쪽 18번 문단 참고) 반환되는 값을 바로 if와 then 사이에 넣었고, 똑같이 반복마다 작동합니다.

04 무한 반복문을 이용해 인삿말을 출력하는 스크립트를 썼습니다. wait() 괄호에 숫자를 입력해서 몇초 정도 기다리게 할지도 설정할 수 있습니다.

```
1  while true do
2      print("안녕?")
3      wait(1)
4      print("만나서 반가워.")
5      wait(1)
6      print("또 보자!")
7      wait(1)
8  end
```

05 1초에 하나씩 메세지가 반복 출력되는 것을 볼 수 있습니다.

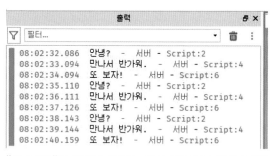

"또 보자!"가 출력된 후에는 다시 처음으로 돌아가 "안녕?"이 출력됩니다.

06 while 반복문은 코드가 끝날 때마다 다시 처음으로 돌아가 반복합니다. 물론, 이건 조건에 **true**를 넣은 무한 반복문이기 때문에 계속 반복하는 것입니다. while 반복문 조건이 **true**가 아니라서, 조건이 중간에 만약 **거짓**으로 바뀐다면, 코드가 끝난 후 처음으로 돌아가지 않습니다. "또 보자!"까지만 출력되고 끝납니다.

```
1  while true do
2      print("안녕?")
3      wait(1)
4      print("만나서 반가워.")
5      wait(1)
6      print("또 보자!")
7      wait(1)  끝나면 다시 처음으로
8  end
```

07 중간에 조건이 **거짓**이 되어도, 이미 실행 중인 코드는 중간에 끊기지 않고 끝까지 실행됩니다. 그저 끝까지 실행 후에 반복이 없을 뿐입니다.

```
1  while true do
2      print("안녕?")
3      wait(1)
4      print("만나서 이 시점에 조건이
5      wait(1)      거짓으로 바뀌어도
6      print("또 보자!")   여기까지는
7      wait(1)          일단 실행함
8  end
            그 후 조건이 거짓인 것
            확인하고 반복 중지
```

08 따라서 위 while 반복문의 조건이 어떻든, "안녕?"이나 "만나서 반가워."가 출력되면, 그 뒤에는 반드시 "또 보자!"가 출력됩니다.

"만나서 반가워."에서 출력이 중단되는 일은 없다는 뜻입니다.

UNIT 2 : 여러 음악 반복해서 틀기

Ⅰ 음악 가져오기

01 도구 상자에는 다른 사람들이 업로드한 다양한 오디오가 있습니다.

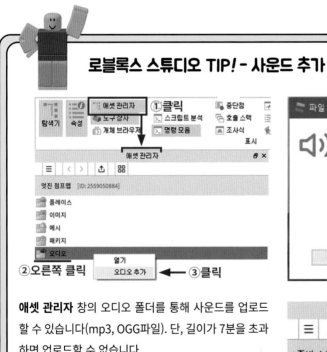

로블록스 스튜디오 TIP! - 사운드 추가

애셋 관리자 창의 오디오 폴더를 통해 사운드를 업로드할 수 있습니다(mp3, OGG파일). 단, 길이가 7분을 초과하면 업로드할 수 없습니다.
업로드한 파일은 오디오 폴더를 열어 확인할 수 있습니다.

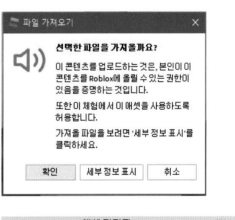

02 여기에는 음악은 물론, 효과음이나 앰비언스 등도 올라와 있어 원하는 오디오 파일을 검색해 찾을 수 있습니다. 여기서 특정 길이의 오디오만을 검색할 수도 있습니다.

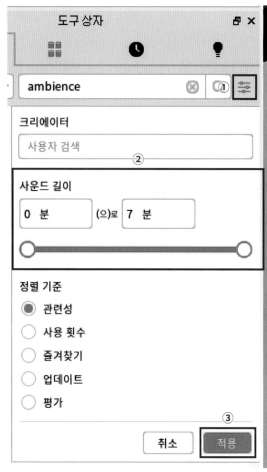

03 원하는 오디오를 찾아 클릭하면, 탐색기에 사운드(Sound) 개체가 추가됩니다.

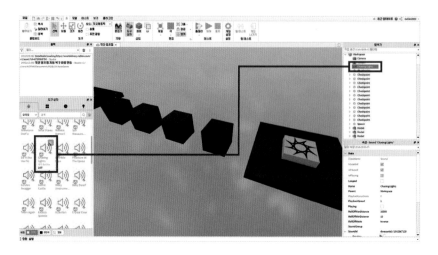

●❙ 사운드 개체를 선택하고, 속성 창을 보면, 그 사운드의 설정도 가능합니다.

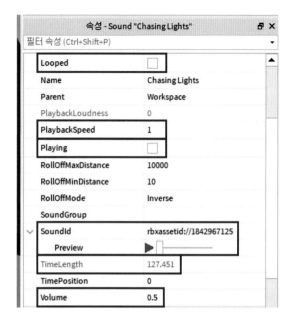

Looped : 이 속성을 켜면 사운드가 반복 재생됩니다.

PlaybackSpeed : 재생 속도를 의미합니다. 예를 들어 2를 넣으면 2배속으로 재생됩니다.

Playing : 사운드의 재생 상태를 나타냅니다.

SoundId : 해당 개체가 재생할 사운드 아이디입니다.

   └ **Preview** : 사운드를 미리 들어볼 수 있습니다.

TimeLength : 사운드의 길이를 보여줍니다.

Volume : 사운드 볼륨을 나타냅니다. 기본값은 0.5입니다. (최소 0, 최대 10)

●❷ 특정 노래 하나만 배경음악으로 쓸 것이라면 스크립트는 쓸 필요가 없습니다. Playing 속성을 체크해두면, 사운드는 게임 시작부터 자동으로 재생됩니다. 그리고 Looped 속성을 체크하면, 사운드가 끝까지 재생된 후에 다시 처음부터 반복 재생됩니다.

Playing속성과 Looped 속성을 같이 켜면 무한 반복 재생되는 배경음악을 만들 수 있습니다.

로블록스 스튜디오 TIP! - 3D 사운드

맵의 특정 위치에서 소리가 흘러나오도록 할 수도 있습니다. 실감이 나는 효과음, 입체 음향 등을 만들 때 유용하겠죠?

3D 사운드 효과를 만들려면 사운드 개체를 파트(스폰 파트 포함) 또는 연결부 개체 안에 넣어주어야 합니다.

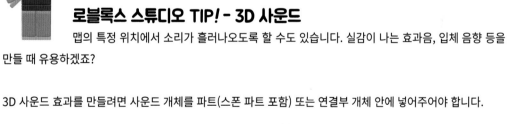

그러면 그 파트나 연결부에서 소리가 날 거예요.(연결부는 **대롱대롱 밧줄에 매달린 파트** 유닛의 5~6번 문단 참고)

다음 페이지로 넘겨서 3D 사운드를 사용할 때의 속성들도 살펴봅시다.

RollOffMaxDistance : 3D 소리를 들을 수 있는 최대 거리입니다(스터드).

RollOffMinDistance : 3D 소리가 작게 들리기 시작하는 거리입니다(스터드).

RollOffMode : 3D 소리가 작아지는 방식을 설정해줍니다. 4가지 모드가 있습니다. 저는 사운드의 최대 거리가 작다면(100스터드 미만) Linear를, 그렇지 않다면 InverseTapered를 추천합니다.

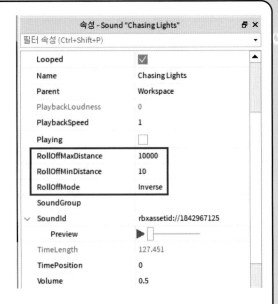

- **Inverse** : RollOffMinDistance(시작하는 거리)를 기준으로 소리가 작아지며, 이 값이 클수록 천천히 작아집니다. 그러나 만약 시작하는 거리에 비해 최대 거리가 짧다면, 소리가 작아지다가 최대 거리에 닿자마자 소리가 갑자기 사라지는 어색한 상황이 만들어질 수 있습니다.

- **InverseTapered** : RollOffMinDistance(시작하는 거리)에 가까울수록 Inverse 모드처럼, RollOffMaxDistance(최대 거리)에 가까울수록 LinearSquare 모드처럼 작동하는 모드입니다.

- **Linear** : RollOffMinDistance(시작하는 거리)에서 RollOffMaxDistance(최대 거리)까지 거리에 비례해서 멀어질수록 사운드가 작아집니다.

- **LinearSquare** : 위와 같으나, 소리가 작아지는 비율이 곡선 모양입니다.

③ 스크립트로 음악 켜고 끄기

여기서부터는 **스크립트 입문** 챕터의 내용을 알아야 따라올 수 있습니다. 반드시 앞의 챕터를 먼저 읽고 와주세요.

❶ Workspace에 스크립트를 하나 추가합니다.

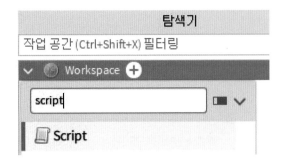

❷ 다른 스크립트와 구별을 위해 📕 BGMScript 라고 이름을 지어줍니다.

Workspace에 있는 이 사운드 개체를 찾아주겠습니다.

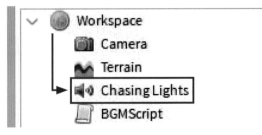

03 **스크립트로 파트 탐색하기** 유닛에서 한 것처럼, 사운드 개체도 똑같이 이름으로 탐색해주면 됩니다.

단, Chasing Lights의 경우에는 이름에 **띄어쓰기**가 있어서 대괄호와 따옴표를 이용하여 작성했습니다.(124쪽 하단 참고)

```
1    workspace["Chasing Lights"]
```

04 변수에 저장합니다.

```
1    local sound1 = workspace["Chasing Lights"]
```

05 사운드 개체에는 Play()와 Stop() 함수가 있습니다. Play()는 사운드를 처음부터 재생하는 함수이고, Stop()은 사운드 재생을 정지하는 함수입니다.

```
3    sound1:Play()
4    sound1:Stop()
```

06 사운드가 재생 시작하자마자 정지되면 안 되니까, Play()와 Stop() 사이에 wait()를 넣어 코드를 기다리게 합니다. 그런데 wait()로 몇 초를 기다려야 할까요?

```
3    sound1:Play()
4    wait()
5    sound1:Stop()
```

07 사운드 속성을 보면 TimeLength가 있습니다. 사운드의 길이를 보여주는 속성입니다.

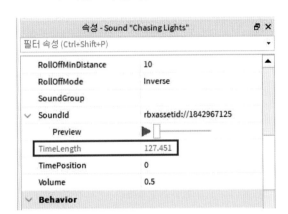

127.451초라고 쓰여있네요.

08 그럼 wait()의 괄호에도 똑같이 127.451을 써줘도 되고,

```
3    sound1:Play()
4    wait(127.451)
5    sound1:Stop()
```

09 아니면 TimeLength 속성을 아예 통째로 넣어도 됩니다.

```
3    sound1:Play()
4    wait(sound1.TimeLength)
5    sound1:Stop()
```

10 사운드 개체 하나를 처음부터 끝까지 재생하고 정지하는 스크립트입니다.

```
1    local sound1 = workspace["Chasing Lights"]
2
3    sound1:Play()
4    wait(sound1.TimeLength)
5    sound1:Stop()
```

④ 음악 여러 개 켜고 끄기

● **1** 음악 개체를 몇 개 더 추가해주었습니다.

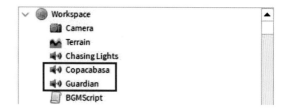

● **2** 각각 탐색해서 다른 변수에 저장해줍니다.

```
1  local sound1 = workspace["Chasing Lights"]
2  local sound2 = workspace.Copacabasa
3  local sound3 = workspace.Guardian
```

● **3** 변수에 저장한 각 음악을 재생하고 정지하
는 스크립트도 순서대로 추가해줍니다.

```
5   sound1:Play()
6   wait(sound1.TimeLength)
7   sound1:Stop()
8
9   sound2:Play()
10  wait(sound1.TimeLength)
11  sound2:Stop()
12
13  sound3:Play()
14  wait(sound1.TimeLength)
15  sound3:Stop()
```

⑤ 음악 여러 개 반복 재생하기

여기서부터는 **while 반복문 써보기** 유닛의 내용을 알아야 따라올 수 있습니다. 반드시 그 유닛 먼저 읽고
와주세요.

● **1** 음악을 무한히 반복 재생해서 배경음악으로 쓸 것이므로, 무
한 반복문을 써줍니다.

```
17  while true do
18
19  end
```

02 각 음악을 재생하고 정지하는 코드를 반복문 안으로 옮겨줍니다.

```
 4
 5   sound1:Play()
 6   wait(sound1.TimeLength)
 7   sound1:Stop()
 8
 9   sound2:Play()
10   wait(sound1.TimeLength)
11   sound2:Stop()
12
13   sound3:Play()
14   wait(sound1.TimeLength)
15   sound3:Stop()
16
17   while true do
18
19   end
```

```
 5   while true do
 6       sound1:Play()
 7       wait(sound1.TimeLength)
 8       sound1:Stop()
 9
10       sound2:Play()
11       wait(sound1.TimeLength)
12       sound2:Stop()
13
14       sound3:Play()
15       wait(sound1.TimeLength)
16       sound3:Stop()
17   end
```

03 쓰인 순서대로 sound1, sound2, sound3 순서로 음악이 재생될 것이고, sound3의 재생이 끝난 후에는 다시 처음으로 돌아가 sound1부터 반복하게 됩니다.

```
 1   local sound1 = workspace["Chasing Lights"]
 2   local sound2 = workspace.Copacabasa
 3   local sound3 = workspace.Guardian
 4
 5   while true do
 6       sound1:Play()
 7       wait(sound1.TimeLength)
 8       sound1:Stop()
 9
10       sound2:Play()
11       wait(sound1.TimeLength)
12       sound2:Stop()
13
14       sound3:Play()
15       wait(sound1.TimeLength)
16       sound3:Stop()
17   end
```

로블록스 스튜디오 TIP!

이번 유닛에서는 사운드 함수 중 Play()와 Stop()만 다뤘는데요,
두 가지 이외에도 Resume()와 Pause() 함수도 있습니다.

Resume : 일시정지한 위치에서 다시 재생(Play는 처음부터 재생함)

Pause : 사운드 일시정지

UNIT 3: for 반복문 써보기

01 for 반복문은 일정 횟수만큼 특정 코드를 반복할 때 사용합니다. 가장 단순한 구조는 다음과 같습니다.

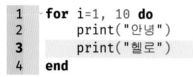

02 예를 들어 반복 횟수 자리에 10을 넣고 다음 코드를 넣는다면 "안녕"과 "헬로"가 10번 반복해서 출력됩니다.

```
1   for i=1, 10 do
2       print("안녕")
3       print("헬로")
4   end
```

03 더 자세히 알아봅시다. 여기 있는 i는 변수입니다. i를 print()로 출력해보면, 맨 처음에는 1로 시작해서, 매번 반복할 때마다 1씩 커집니다.

for i=1, 10 do

```
1   for i=1, 10 do
2       print(i)
3   end
```

04 i가 10에 도달하자 반복이 멈춘 모습입니다. i는 현재 몇 번째 반복인지 알려주는 변수일까요?

08:16:45.238	1	- 서버 -	Script:2
08:16:45.238	2	- 서버 -	Script:2
08:16:45.239	3	- 서버 -	Script:2
08:16:45.239	4	- 서버 -	Script:2
08:16:45.239	5	- 서버 -	Script:2
08:16:45.239	6	- 서버 -	Script:2
08:16:45.239	7	- 서버 -	Script:2
08:16:45.239	8	- 서버 -	Script:2
08:16:45.239	9	- 서버 -	Script:2
08:16:45.240	10	- 서버 -	Script:2

05 아닙니다. 반대로 i가 10부터 시작해서 1까지 카운트다운 할 수도 있어요. 다음 스크립트를 살펴봅시다.

i = 10 부분에서 맨 처음 i가 시작할 값을 정합니다. 두 번째 자리의 1은 끝 값입니다. i가 끝 값에 도달하면 반복문이 종료됩니다. 세 번째 자리의 -1은 증가값입니다. 반복마다 i의 값이 얼마만큼 커질지 정합니다. 생략 가능하며, 그 경우엔 증가값이 1로 고정됩니다.

```
1  for i=10, 1, -1 do
2      print(i)
3  end
```

해당 스크립트는 i가 10에서 시작하며, 1에 도달할 때까지 반복합니다. 증가값으로 -1을 써주었으므로, i는 반복마다 1씩 작아집니다.

08:17:55.939	10	- 서버 -	Script:2
08:17:55.939	9	- 서버 -	Script:2
08:17:55.939	8	- 서버 -	Script:2
08:17:55.939	7	- 서버 -	Script:2
08:17:55.939	6	- 서버 -	Script:2
08:17:55.939	5	- 서버 -	Script:2
08:17:55.939	4	- 서버 -	Script:2
08:17:55.940	3	- 서버 -	Script:2
08:17:55.940	2	- 서버 -	Script:2
08:17:55.940	1	- 서버 -	Script:2

06 마지막으로 for 반복문을 활용하여 파트의 Transparency 속성을 0.1부터 1까지 서서히 크게 만드는 스크립트를 써보았습니다.

```
1  local part = workspace.Part
2
3  for i=1, 10 do
4      part.Transparency = i/10
5      wait(0.1)
6  end
```

07 i가 1부터 10까지 1씩 증가할 때, i 나누기 10(i/10)은 0.1부터 1까지 바뀝니다.

```
1  for i=1, 10 do
2      print(i)
3      print(i/10)
4  end
```

출력

필터...

```
08:20:12.197  1  -  서버 - Script:2
08:20:12.197  0.1  -  서버 - Script:
3
08:20:12.197  2  -  서버 - Script:2
08:20:12.197  0.2  -  서버 - Script:
3
08:20:12.197  3  -  서버 - Script:2
08:20:12.198  0.3  -  서버 - Script:
3
08:20:12.198  4  -  서버 - Script:2
08:20:12.198  0.4  -  서버 - Script:
3
08:20:12.198  5  -  서버 - Script:2
08:20:12.198  0.5  -  서버 - Script:
3
08:20:12.198  6  -  서버 - Script:2
08:20:12.198  0.6  -  서버 - Script:
3
08:20:12.198  7  -  서버 - Script:2
08:20:12.198  0.7  -  서버 - Script:
3
08:20:12.199  8  -  서버 - Script:2
08:20:12.199  0.8  -  서버 - Script:
3
08:20:12.199  9  -  서버 - Script:2
08:20:12.199  0.9  -  서버 - Script:
3
08:20:12.199  10  -  서버 - Script:2
08:20:12.199  1  -  서버 - Script:3
```

08 이것을 이용하여 Transparency를 바꾸는 스크립트를 썼습니다. 만약 for 반복문을 쓰지 않았다면, 아래와 같이 길고 기다란 스크립트가 되었겠죠.

```
1   local part = workspace.Part
2
3   part.Transparency = 0.1
4   wait(0.1)
5   part.Transparency = 0.2
6   wait(0.1)
7   part.Transparency = 0.3
8   wait(0.1)
9   part.Transparency = 0.4
10  wait(0.1)
11  part.Transparency = 0.5
12  wait(0.1)
13  part.Transparency = 0.6
14  wait(0.1)
15  part.Transparency = 0.7
16  wait(0.1)
17  part.Transparency = 0.8
18  wait(0.1)
19  part.Transparency = 0.9
20  wait(0.1)
21  part.Transparency = 1
22  wait(0.1)
```

고수를 위한 로블록스 스튜디오 TIP!

결국 반복하는 건 Transparency(투명도) 값을 0.1씩 올려주는 건데

part.Transparency = part.Transparency + 0.1도 가능하지 않을까요?

```
3   for i=1, 10 do
4       part.Transparency = part.Transparency + 0.1
5       wait(0.1)
6   end
```

또는 i/10을 할 필요 없이

처음부터 for i=0.1, 1, 0.1 do라고 써도 되지 않나요?

```
3   for i=0.1, 1, 0.1 do
4       part.Transparency = i
5       wait(0.1)
6   end
```

이런 의문이 들 수 있습니다.

컴퓨터는 사실 계산 천재가 아닙니다. 2, 145, 7829 같은 숫자들은 순식간에 정확하게 계산하지만, 0.6, 7.24, 13.111 같이 소수점이 붙은 숫자들은 정확하게 계산하지 못합니다. 그래서 겉보기에는 정확하게 계산한 것처럼 보여도, 실제로는 값이 조금씩 오차가 생겨서 문제가 생길 수 있습니다. 그래서 소수 연산은 되도록 적게 쓰는 것이 좋습니다.

part.Transparency = part.Transparency + 0.1도, for i=0.1, 1, 0.1 do도, 모두 소수 0.1을 연속해서 더해주는 방식입니다. 소수 계산을 연속해서하는 것이기 때문에 오차가 생기는 방식이고, 스크립트 성능에도 영향을 줍니다. 따라서 사용하지 않았습니다.

'부동소수점'이라고 인터넷에 검색하면 이와 관련해 더 많은 정보를 얻을 수 있습니다.

UNIT 4: 나타났다 사라지는 파트 만들기

for 반복문 써보기 유닛의 내용을 알아야 따라올 수 있습니다. 반드시 앞 유닛을 먼저 읽고 와주세요.
밟으면 사라지는 길 만들기! 유닛도 보고 오시면 이번 유닛을 이해하고 따라오기 쉽습니다.

'밟으면 사라지는 길'은 캐릭터가 파트를 밟아야 길이 사라지기 시작합니다. 그런데 이번에 만들 길은 **밟지 않아도** 길이 나타났다가 사라집니다! 그래서 길이 나타나는 타이밍을 잘 잡아 사라지기 전에 빠르게 건너편으로 건너가야 하는 단계입니다.

01 새 파트를 생성해서 앵커하고 색칠해주었습니다.

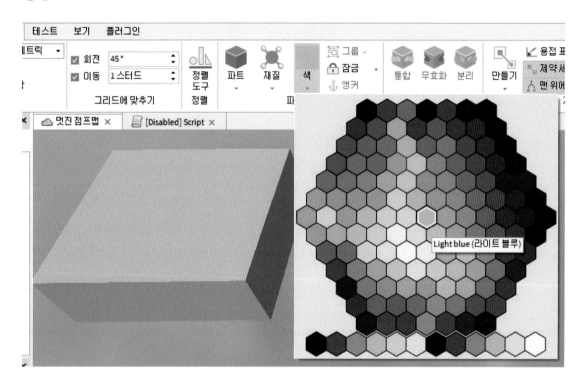

02 파트 안에 스크립트도 넣어주었습니다.

① 파트 서서히 사라지게 만들기

●1 파트 속성 중에는 투명도를 나타내는 **Transparency** 속성이 있습니다. 파트의 Transparency를 0부터 1까지 서서히 커지게 하면 파트가 조금씩 투명하게 사라지는 연출을 할 수 있습니다.

●2 **for 반복문 써보기** 유닛에서 배운 스크립트를 써봅니다. i가 1씩 증가할 때마다 i/10은 0.1씩 늘어납니다. 궁극적으로 Transprency 값이 0.1에서 1까지 서서히 증가하는 것입니다.

```
1  for i=1, 10 do
2      script.Parent.Transparency = i/10
3      wait(0.1)
4  end
```

●3 Transparency가 1이 되어 파트가 완전히 투명해지면, 파트를 밟을 수 없도록 해야 합니다. **밟히지 않고 쑤욱 통과되는 파트** 유닛을 보면, 파트 속성 중 **CanCollide** 속성이 있습니다. 이 속성을 false로 바꾸면 파트를 밟을 수 없게 됩니다.

```
1  for i=1, 10 do
2      script.Parent.Transparency = i/10
3      wait(0.1)
4  end
5  script.Parent.CanCollide = false
```

② 파트 서서히 다시 나타나게 하기

●1 파트가 사라지고 1초 정도 기다립니다. 이제 다시 나타나기 시작할 때입니다.

```
5  script.Parent.CanCollide = false
6  wait(1)
7
```

02 파트가 사라질 때는 i가 1부터 10까지 서서히 증가했습니다. 반대로 파트가 나타날 때는 i가 10부터 1까지 서서히 감소하면 됩니다. i의 시작값을 10으로, 끝값을 1로 설정하고, 증가값을 –1로 합니다. 그럼 Transparency 값도 1에서 0.9로, 0.8로, 0.1씩 감소합니다.

```
 6    wait(1)
 7    for i=10, 1, -1 do
 8        script.Parent.Transparency = i/10
 9        wait(0.1)
10    end
```

03 맨 마지막에는 **CanCollide** 속성을 다시 true로 바꿔, 파트를 밟을 수 있게 합니다.

```
11    script.Parent.CanCollide = true
```

```
 1    for i=1, 10 do
 2        script.Parent.Transparency = i/10
 3        wait(0.1)
 4    end
 5    script.Parent.CanCollide = false
 6    wait(1)
 7    for i=10, 1, -1 do
 8        script.Parent.Transparency = i/10
 9        wait(0.1)
10    end
11    script.Parent.CanCollide = true
```

③ 사라졌다 나타나는 파트

여기부터는 **while 반복문 써보기** 유닛의 내용을 알아야 따라올 수 있습니다. 반드시 앞의 내용을 먼저 읽고 와주세요.

01 파트가 한 번만 사라졌다가 나타나면 안 되겠죠? 파트는 계속 사라졌다가 나타났다가 반복해야 합니다. 따라서 무한 반복문을 하나 써주고,

```
13    while true do
14
15    end
```

02 이 안에 사라졌다가 나타나는 코드 전체를 넣습니다. 그러면 파트가 완전히 나타난 후에도 코드가 끝나지 않고, 다시 사라지는 코드로 돌아가 반복하게 될 겁니다.

```
1   while true do
2       for i=1, 10 do
3           script.Parent.Transparency = i/10
4           wait(0.1)
5       end
6       script.Parent.CanCollide = false
7       wait(1)
8       for i=10, 1, -1 do
9           script.Parent.Transparency = i/10
10          wait(0.1)
11      end
12      script.Parent.CanCollide = true
13  end
```

4 나타났다가 사라지는 길

01 완성한 나타났다 사라지는 파트의 스크립트를 선택해서, Disabled 속성을 켜주세요.

02 그럼 이렇게 스크립트 아이콘이 회색으로 변하고, 스크립트는 **비활성화**됩니다. 스크립트가 Disabled 속성이 다시 꺼지기 전까지, 스크립트는 작동하지 않게 됩니다.

03 나타났다가 사라지는 파트를 여러 개 복제해서 길을 쭈욱 이어줍니다(**첫 파트 배치하기** 유닛 참고). 이어진 파트는 전부 선택해서 그룹, 모델로 만들어줍니다.

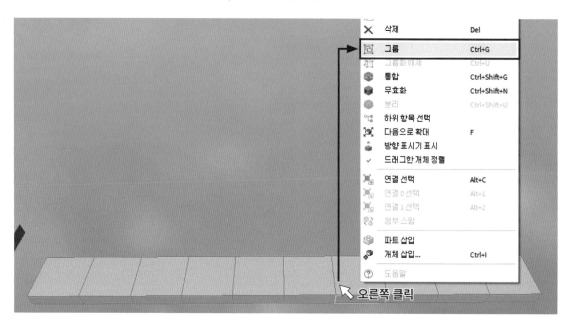

04 모델의 파트들을 순서대로 Part1, Part2 식으로 이름을 바꿔주세요.

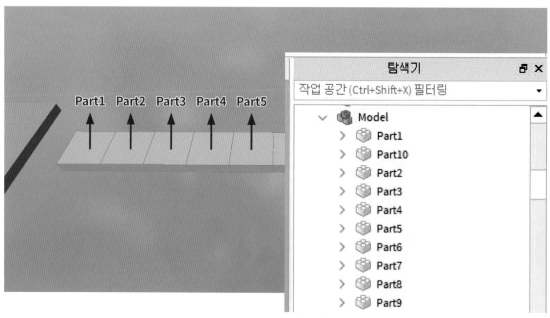

탐색기에서는 뒤죽박죽일 수 있습니다. 문제없으니 괜찮습니다.

05 모델에 스크립트를 추가하고, script.Parent를 사용하여 모델 개체 찾아줍니다.

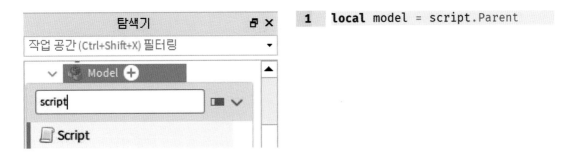

```
1    local model = script.Parent
```

06 Model - Part1 안에 있는 스크립트를 찾아줍니다.

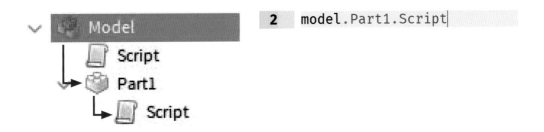

```
2    model.Part1.Script
```

07 아까 스크립트 속성 켜났던 Disabled를 끕니다. 그러면 스크립트 비활성화 상태가 꺼지고, 스크립트가 작동하기 시작합니다.

```
2    model.Part1.Script.Disabled = false
```

08 1초 간격으로 나머지 파트들도 똑같이 해줍니다. 각 파트가 1초 간격으로 스크립트가 작동하기 시작합니다. 모든 파트가 1초 간격으로 사라지기 시작하고, 각 파트가 1초 간격으로 나타납니다.

```
1    local model = script.Parent
2    model.Part1.Script.Disabled = false
3    wait(1)
4    model.Part2.Script.Disabled = false
5    wait(1)
6    model.Part3.Script.Disabled = false
7    wait(1)
8    model.Part4.Script.Disabled = false
9    wait(1)
10   model.Part5.Script.Disabled = false
11   wait(1)
12   model.Part6.Script.Disabled = false
13   wait(1)
14   model.Part7.Script.Disabled = false
15   wait(1)
16   model.Part8.Script.Disabled = false
17   wait(1)
18   model.Part9.Script.Disabled = false
19   wait(1)
20   model.Part10.Script.Disabled = false
```

09 아까 스크립트 속성 켜놨던 Disabled를 끕니다. 그러면 스크립트 비활성화 상태가 꺼지고, 스크립트가 작동하기 시작합니다.

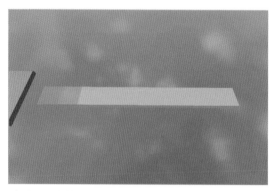

맨 왼쪽부터 하나씩 사라지기 시작하는 파트들

발판이 사라지기 전에 빠르게 통과하자!

CHAPTER 4.
심화 내용

UNIT 1 : 리더보드 제작하기

이번 유닛에서는 이런 모습의 **리더보드를** 만들 것입니다. 플레이어 목록에 보이는 닉네임 옆에 숫자를 표시할 수 있습니다.

우리는 점프맵을 만들었으므로, 리더보드에는 플레이어의 현재 스테이지를 표시해줄 계획입니다. 이것은 **내 현재 스테이지는? 리더보드 설정하기!** 유닛에서 이어서 할 예정입니다.

01 Workspace에 스크립트를 하나 추가합니다.

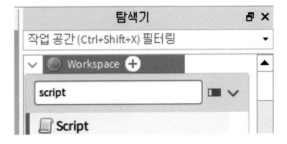

---

1 Instance.new()

01 리더보드 제작을 시작하기 전에 Instance. new()함수를 배워봅시다.

```
1    Instance.new()
```

02 Instance.new()는 새 개체를 생성할 때 사용하는 함수입니다. 예를 들어 Part를 workspace에 생성하고 싶을 때는 이렇게 적습니다.

```
1    Instance.new("Part", workspace)
```

괄호 안 첫 번째 자리에는 생성할 개체 종류, 두 번째 자리에는 생성할 위치를 입력합니다.

03 직접 테스트해보면, 없던 파트가 새로 생성
되어 나타납니다.

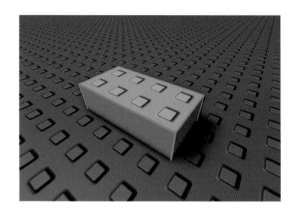

04 Instance.new() 앞에 변수를 두면, 새로 생성한 그 개체가 반환됩니다.

```
1   local part = Instance.new("Part", workspace)
```

05 그러면 이렇게, 새로 생성한 파트의 색깔도 바꿔줄 수 있습니다.

```
1   local part = Instance.new("Part", workspace)
2   part.BrickColor = BrickColor.new("Really red")
```

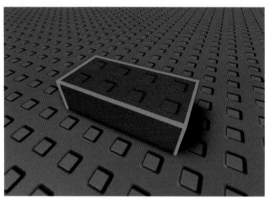

실제로 빨간색 파트가 생성됩니다.

로블록스 스튜디오 TIP!

Instance.new의 구조 정리 :

local 변수 = Instance.new(생성할 개체, 생성 장소)

2 플레이어 안에 폴더 생성하기

01 리더보드를 만들기 위해서는, 각 플레이어 개체 안에 폴더를 하나씩 생성해주어야 합니다. 폴더 생성은 방금 배운 Instance.new()로 한다 치면, 플레이어 개체는 어떻게 구하는 걸까요?

탐색기에는  라는 개체가 있습니다. **체크포인트 파트 만들기** 유닛을 읽었다면 어느 정도 익숙한 개체일 것입니다. 이 개체는 서버에 접속한 플레이어들을 관리하는 역할을 합니다.

02 **플레이**로 테스트해보면, 이렇게 게임 서버에 접속한 새 플레이어는 이 개체 안에 들어옵니다. 이 개체가 우리가 찾는 플레이어 개체입니다. 새 플레이어가 서버에 들어올 때마다, 그 사람의 닉네임으로 생성되는 개체입니다.

03 Players 개체는 다음처럼 탐색할 수 있고, Players 개체에는 게임 서버에 새 플레이어가 접속할 때마다 반응하는 이벤트가 있습니다. PlayerAdded입니다.

```
1    game.Players
```

```
1    game.Players.PlayerAdded
```

04 이 이벤트를 함수로 연결해주면, 함수의 매개변수에는 게임 서버에 새로 들어온 그 플레이어 개체가 들어옵니다(매개변수는 **이벤트와 함수 연결하기** 유닛의 08~13번 문단 참고).

```
1    function leaderboard(player)
2
3    end
4    game.Players.PlayerAdded:Connect(leaderboard)
```

05 Instance.new()를 써서 여기에 파트를 생성해보면, 플레이어 개체 안에 파트가 있게 됩니다.

```
1    function leaderboard(player)
2        Instance.new("Part", player)
3    end
4    game.Players.PlayerAdded:Connect(leaderboard)
```

06 우리가 필요한 건 폴더이므로, "Folder"라고 고쳐줍니다(꼭 F는 대문자로 해야 합니다.).

```
1  function leaderboard(player)
2      Instance.new("Folder", player)
3  end
4  game.Players.PlayerAdded:Connect(leaderboard)
```

07 생성한 폴더는 leader라는 변수에 받아서, Name(이름)을 "leaderstats"라고 지어줍니다. 대문자 없이 소문자로만 씁니다.

```
1  function leaderboard(player)
2      local leader = Instance.new("Folder", player)
3      leader.Name = "leaderstats"
4  end
5  game.Players.PlayerAdded:Connect(leaderboard)
```

08 그러면 leaderstats라는 폴더가 플레이어 개체 안에 생성됩니다.

- Players
  - nofair2002
    - leaderstats
    - Backpack
    - StarterGear
    - PlayerGui
    - PlayerScripts

3 리더보드 항목 만들기

01 리더보드의 항목을 만들어 봅시다. leaderstats 폴더 안에 "IntValue"라는 개체를 하나 생성합니다. IntValue는 -1, 0, 1, 2, 3 등 정수 숫자를 저장해주는 개체입니다.

```
local leader = Instance.new("Folder", player)
leader.Name = "leaderstats"

Instance.new("IntValue", leader)
```

> **로블록스 스튜디오 TIP!**
> IntValue 외에 다른 것들도 있습니다.
> 어떤 종류의 값을 나타낼 항목인지에 따라 골라 쓰세요.
> NumberValue -- 소수까지 포함한 숫자를 저장
> StringValue -- 문자를 저장

02 leaderstats 폴더를 만들 때처럼 IntValue 개체도 이름을 지어줍니다.
자유롭게 입력해주세요.

```lua
local stage = Instance.new("IntValue", leader)
stage.Name = "Stage"
```

03 한글 이름도 가능합니다.

```lua
stage.Name = "스테이지"
```

04 테스트해보면 리더보드 폴더 안에 스테이지 개체가 생성되었고, 리더보드에도 스테이지라는 항목
이 새로 생겼습니다.

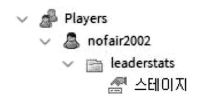

05 완성된 리더보드 스크립트입니다.

```lua
1  function leaderboard(player)
2      local leader = Instance.new("Folder", player)
3      leader.Name = "leaderstats"
4
5      local stage = Instance.new("IntValue", leader)
6      stage.Name = "스테이지"
7  end
8  game.Players.PlayerAdded:Connect(leaderboard)
```

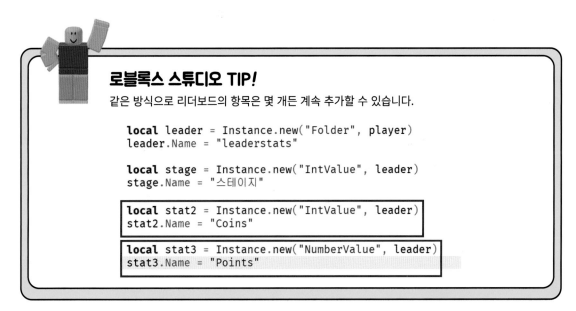

로블록스 스튜디오 TIP!

같은 방식으로 리더보드의 항목은 몇 개든 계속 추가할 수 있습니다.

```lua
local leader = Instance.new("Folder", player)
leader.Name = "leaderstats"

local stage = Instance.new("IntValue", leader)
stage.Name = "스테이지"

local stat2 = Instance.new("IntValue", leader)
stat2.Name = "Coins"

local stat3 = Instance.new("NumberValue", leader)
stat3.Name = "Points"
```

UNIT 2 : 내 현재 스테이지는? 리더보드 설정하기!

이 유닛은 **리더보드 제작하기** 유닛, **체크포인트 파트 만들기** 유닛과 이어지는 내용이니 반드시 미리 보고 오시기 바랍니다.

01 리더보드에 스테이지라는 항목을 추가했으니 이제 체크포인트 밟을 때마다 스테이지 값이 바뀌도록 해봅시다. 체크포인트 스크립트를 다시 쓸 겁니다. **체크포인트 파트 만들기** 유 닛에서 만든 것을 **하나만 남기고 모두** 삭제해 주세요. 최초 스폰은 삭제하지 않아도 됩니다.

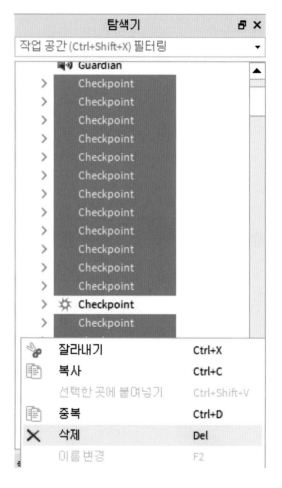

02 Workspace에 폴더 하나 추가해서 남은 체크포인트와 최초 스폰을 넣어 정리합니다.

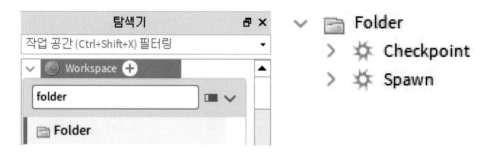

03 정리 끝났으면 체크포인트의 스크립트를 열어줍니다.

```
1   function checkpoint(hit)
2       local character = hit.Parent
3       local player = game.Players:GetPlayerFromCharacter(character)
4       if player then
5           player.RespawnLocation = script.Parent
6       end
7   end
8   script.Parent.Touched:Connect(checkpoint)
```

04 3번째 줄에서 파트 밟은 플레이어를 구했으니, 6번째 줄에 이어서 그 플레이어의 리더보드 항목을 찾습니다.

```
1   function checkpoint(hit)
2       local character = hit.Parent
3       local player = game.Players:GetPlayerFromCharacter(character)
4       if player then
5           player.RespawnLocation = script.Parent
6           player.leaderstats["스테이지"]
7       end
8   end
9   script.Parent.Touched:Connect(checkpoint)
```

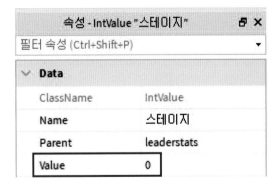

nofair2002 =player
　└ leaderstats
　　└ 스테이지

로블록스 스튜디오 TIP!

저는 지금 한글 이름을 썼기 때문에 대괄호와 `player.leaderstats.stage`
따옴표를 이용해 ["스테이지"]라고 썼는데, 띄어쓰기나 특수문
자 없이 영어로만 이루어진 평범한 이름이면 leaderstats.stage로 바로 구해도 됩니다.

05 스테이지 개체 속성에는 Value가 있습니다. 이 Value 값이 리더보드에 표시되는 숫자 값입니다.

속성 - IntValue "스테이지"	⮐ ✕
필터 속성 (Ctrl+Shift+P)	▾

⌄ **Data**	
ClassName	IntValue
Name	스테이지
Parent	leaderstats
Value	0

06 Value 속성을 찾아서 바꿀 준비합니다. 그리고 탐색기로 가서 이 체크포인트의 이름을 1로 바꿔주세요. 이제부터 이 체크포인트는 1 스테이지의 체크포인트입니다.

```
player.leaderstats["스테이지"].Value =
```

```
∨  📁 Folder
   >  ☼ 1  ⊕
   >  ☼ Spawn
```

07 Value 값을 이 체크포인트의 이름으로 바꿉니다. 그럼 리더보드에는 1이라는 값이 나타나겠네요.

```
player.leaderstats["스테이지"].Value = script.Parent.Name
```

08 체크포인트 다시 복제해서 배치해줍니다. 이름은 그 체크포인트의 스테이지 숫자로 해주세요. 1 스테이지의 체크포인트는 이름을 "1"로, 2 스테이지의 체크포인트는 이름을 "2"로 해줍니다.

09 그럼 1 스테이지의 체크포인트를 밟았을 때 리더보드에는 1이 표시되고 2 스테이지의 체크포인트를 밟았을 때는 리더보드에 2가 표시되게 됩니다.

10 최초 스폰은 0이라고 지어줍니다. 테스트해보면 이제 스테이지 숫자가 리더보드에 갱신됩니다!

고수를 위한 로블록스 스튜디오 TIP!

다른 프로그래밍 언어를 배웠거나 접해보신
분은 script.Parent.Name이 문자열 자료형
이라는 것을 짐작하셨을 겁니다.

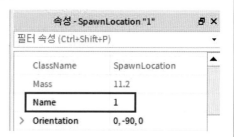

속성 - SpawnLocation "1"	🗗 ✕
필터 속성 (Ctrl+Shift+P)	▼

ClassName	SpawnLocation
Mass	11.2
Name	**1**
> Orientation	0, -90, 0

그리고 stage라고 이름 지어준 IntValue의 Value에는 정수가
들어갑니다.

정수 넣는 자리에 문자열 넣으면 에러나는 것이 아닌지 의문을 가지셨을 지도 모르겠네요.
로블록스의 Lua 스크립트에서는 문자열이 오직 숫자만으로 이루어져 있다면, 자료형 변환 없이도 곧바로 다른 숫자
와의 연산 및 값 입력 등이 가능합니다.

물론 정석은 tonumber(), tostring()으로 각각 숫자나 문자로 변환하고 넣는 것이겠지요.

```
player.leaderstats["스테이지"].Value = tonumber(script.Parent.Name)
```
Lua에서는 또 정수와 소수 구분도 없어서, 둘 다 tonumber() 쓰면 됩니다.

고수를 위한 로블록스 스튜디오 TIP!

스테이지를 역주행하거나, 한꺼번에 2단계 이상 건너뛰는 일을 방지하고 싶다면, 다음과 같이 조
건문을 추가하세요.

```
1   function checkpoint(hit)
2       local character = hit.Parent
3       local player = game.Players:GetPlayerFromCharacter(character)
4       if player then
5           if player.leaderstats["스테이지"].Value + 1 == tonumber(script.Parent.Name) then
6               player.RespawnLocation = script.Parent
7               player.leaderstats["스테이지"].Value = tonumber(script.Parent.Name)
8           end
9       end
10  end
11  script.Parent.Touched:Connect(checkpoint)
12
```

이렇게 쓰면 무조건 한 단계씩만 앞으로 나아갈 수 있습니다.

UNIT 3: 왔다 갔다 움직이는 파트

밧줄 파트 더 자세히 파헤치기! 유닛 또는 제자리에서 굴러가는 파트 유닛을 보고 오시면 이번 유닛에서 다루는 **AlignPosition**과 **AlignOrientation**을 더 쉽게 이해할 수 있습니다.

여기 체크포인트를 두 개 준비해주세요. 이 두 체크포인트 사이를 왔다 갔다 움직이는 파트를 만들 겁니다.

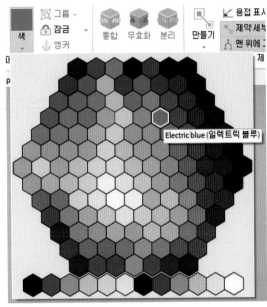

색상은 이것으로 정했습니다.

⬚ 파트 준비하기

01 새 파트를 생성합니다. 저는 (4, 1, 4)의 크기로 했는데, 움직이는 파트는 크면 클수록 안정적이고 좋습니다. 파트가 움직여야 하니까 **앵커하지 말아 주세요.**

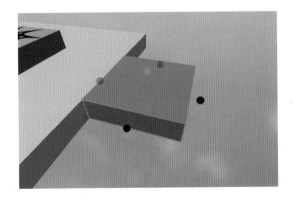

02 파트 안에는 **AlignPosition과 AlignOrientation, Attachment** 개체를 넣습니다. AlignPosition
과 AlginOrientation은 각각 파트의 위치와 방향을 제어해줄 겁니다. Attachment는 두 개체가 작
동하게 해주는 매개체입니다.

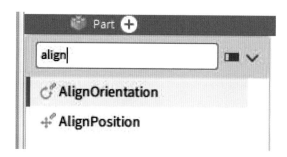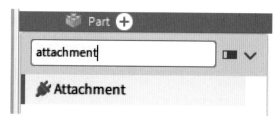

03 AlignPosition과 AlignOrientation의 속
성 중 Mode가 있습니다. OneAttachment
로 바꿉니다.

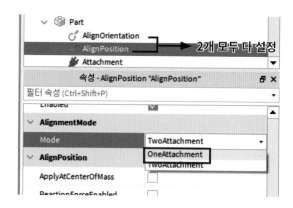

04 그 후에, 각 개체의 Attachment0 속성을
02문단에서 넣은 Attachment로 설정합니
다. 일차적인 준비가 끝났습니다.

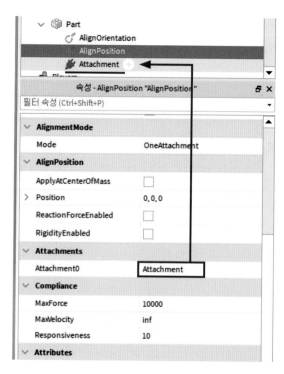

05 AlignPosition 개체는 파트가 정해진 길을 따라 움직이고, 길을 벗어나지 않도록 힘을 가해주는 개체입니다. 파트가 위치를 벗어나지 못하게, **RigidityEnabled 속성을 켜서 최대한의 힘을 가해줍시다.** (AlignPosition 속성에 관한 설명은 밧줄 파트 더 자세히 파헤치기! 유닛의 15번 문단 참고)

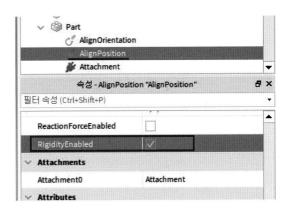

06 AlignPosition의 Position 속성에 파트의 시작 위치를 넣습니다. 파트의 Position 속성값을 지금 있는 그대로 넣으면 됩니다. (Position 속성이 안 보인다면, 03번 문단을 다시 한번 확인해주세요)

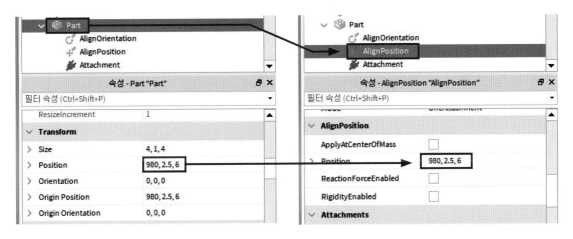

07 AlignOrientation은 파트가 이리저리 흔들리지 않도록, 한 방향만을 똑바로 바라보도록 힘을 가해주는 개체입니다. 05번 문단과 마찬가지로 RigidityEnabled 속성을 켜줍니다.

08 AlignPosition의 경우 06번 문단에서 파트의 Position 값을 설정해주었는데, AlignOrientation은 06번 문단처럼 속성 창에서 파트의 방향을 설정해줄 수 없습니다. 따라서 스크립트로 설정해야 합니다.

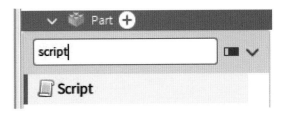

01 파트에 스크립트를 추가해줍시다.

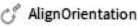
- ▽ 📦 Part
  - 🧭 AlignOrientation
  - ➕ AlignPosition
  - 👊 Attachment
  - 🗒️ Script

02 스크립트를 편집합니다.

파트를 구해서 변수에 저장하세요. 그리고 그 안의 AlignOrientation을 찾으세요.

```
1  local part = script.Parent
2  part.AlignOrientation
```

03 AlignOrientation의 CFrame 을 파트의 CFrame과 일치하 도록 설정합니다.

```
1  local part = script.Parent
2  part.AlignOrientation.CFrame = part.CFrame
```

04 덤으로, 다음 줄에 part:SetNetworkOwner(nil)이라고 써주세요. Set-Network-Owner 순서대 로 이어쓰면 됩니다. 파트의 움직임이 끊기는 현상을 최소화하려는 조치입니다. 자세한 내용이 궁 금하다면 아래의 로블록스 스 튜디오 TIP을 읽어주세요.

```
1  local part = script.Parent
2  part.AlignOrientation.CFrame = part.CFrame
3
4  part:SetNetworkOwner(nil)
```

로블록스 스튜디오 TIP!
- 왜 part:SetNetworkOwner(nil)를 사용하는가?

로블록스는 서버가 따로 있고, 여러분이 컴퓨터로 보는 맵과 캐릭터들은 서버 맵의 실시간 복사본입니다. 로블록 스의 물리엔진도 일반적으로 서버에서 물리 계산을 하고, 여러분이 보는 물리는 서버에서 계산된 결과물입니다. 근데 간혹 가다가 서버가 여러분의 컴퓨터로 그 물리 계산을 일부 떠넘기기도 합니다. 그러면 떠넘겨진 사람에게 는 괜찮은데, 다른 사람들에게는 그 파트의 물리가 몇 프레임씩 느리게 작동하는 것처럼 보일 수 있습니다. 이른 바 랙이 걸리는 겁니다. 그것을 방지하기 위해 '이 파트의 물리 계산은 무조건 서버에서만 한다!'라고 설정해준 것 이라고 보면 됩니다. 밧줄 파트, 회전하는 파트, 제자리에서 돌아가는 파트에도 스크립트를 넣어 똑같이 써주면 더 좋습니다.

고수를 위한 로블록스 스튜디오 TIP! - CFrame이 도대체 뭐길래

CFrame은 파트의 위치와 방향(회전도)를 설정하는 속성으로, 속성 창에서는 볼 수 없어 이렇게 스크립트로 따로 설정해주어야 합니다. 우리가 한 건 AlignOrientation의 목표 방향을 파트의 그 것과 통일해 준 것입니다.

CFrame 속성은 파트 위치만 설정하는 Position 속성의 상위호환이라고 생각할 수 있습니다. 특이한 점은, CFrame 은 속성 창에서 볼 수 없어 스크립트로밖에 못 다룹니다.

③ 파트 이동을 위한 서비스

파트 이동을 위해서는 TweenService(트윈 서비스)라는 서비스를 불러와야 하는데요, 서비스는 스크립 트에서 더 다양한 함수들을 쓸 수 있게 해주는 기능입니다.

❶1 game에 GetService라는 함수를 이용해 서비스를 불러올 수 있습니다(G와 S는 대문자). 괄호에 는 따옴표를 적고, TweenService라고 입력합니다.

```
6   game:GetService(|)          6   game:GetService("TweenService")
```

❷2 마지막으로 왼쪽에 변수를 두어, 변수에 TweenService를 반환받습니다. Tween(트윈)은 어떤 개 체의 속성값 속성값을 부드럽게 변하게 해줄 때(interpolate) 사용하는 서비스입니다.

```
6   local TweenService = game:GetService("TweenService")
```

④ 파트 이동 설정하기

다음은 Tween을 이용해서 파트가 시작 지점부터 목표지점까지 부드럽게 움직이게 만들 겁니다.

❶1 local tweenInfo 라는 변수를 하나 선언합니다. t는 소문 자입니다.

```
8   local tweenInfo
```

❷2 등호(=) 붙이고 TweenInfo. new()라고 씁니다. T, I 둘 다 대문자입니다.

```
8   local tweenInfo = TweenInfo.new()
```

❸3 이제 괄호 안에 각 항목의 설정값을 넣어주어야 합니다.

```
TweenInfo.new(6, Enum.EasingStyle.Linear, Enum.EasingDirection.InOut, -1, true, 0)
```

04 각 항목의 순서는 다음과 같습니다.

```
TweenInfo.new(6, Enum.EasingStyle.Linear, Enum.EasingDirection.InOut, -1, true, 0)
```
         ① time   ② EasingStyle   ③ EasingDirection

                                   ④ repeatCount

                                   ⑤ reverses

                                   ⑥ delayTime

① **time**, 시간입니다.

파트가 출발 지점에서 목표 지점까지 가는 데에 걸리는 시간을 초 단위로 설정합니다. 시간을 적게 주면 더 빨라지고, 시간을 많이 주면 더 느리게 이동합니다. 저는 6초로 설정했습니다.

```
TweenInfo.new(6, Enum.EasingStyle.Linear, Enum.EasingDirection.InOut, -1, true, 0)
```
               time

② **easingStyle**, 이징 스타일입니다.

처음부터 끝까지 같은 속도로 이동하거나, 처음에는 느리다가 나중에 빨라지거나 등 파트가 이동하는 모션의 모양을 여기서 정해줄 수 있습니다.easingStyle, 이징 스타일입니다.

처음부터 끝까지 같은 속도로 이동하거나, 처음에는 느리다가 나중에 빨라지거나 등 파트가 이동하는 모션의 모양을 여기서 정해줄 수 있습니다.

```
TweenInfo.new(6, Enum.EasingStyle.Linear, Enum.EasingDirection.InOut, -1, true, 0)
```
                          EasingStyle

입력 방법이 따로 있습니다. Enum.EasingStyle이라고 써준 후에, 원하는 선택지를 씁니다.

`Enum.EasingStyle.`

저는 처음부터 끝까지 속도가 동일한 Linear를 적었습니다.

`Enum.EasingStyle.Linear`

Linear 포함 다른 선택지들 모음	
Linear	처음부터 끝까지 일정한 속도로 이동
Back	목표지점보다 과도하게 전진했다가 다시 천천히 후진하는 식으로 도착함
Bounce	실제 공이 바닥에 튀듯, 목표지점에 통통 튀면서 도착함
Elastic	고무줄에 연결된 듯 목표지점에서 앞뒤로 왔다 갔다 했다가 도착함
Sine Quad Quart Quint Exponential Circular Cubic	세부적인 차이가 있으나, 모두 처음에 빠르다가 목표지점에 가까워질수록 느려짐.

③ easingDirection

easingStyle의 재생 방향을 나타냅니다.

Enum.EasingDirection.에 이어서 입력합니다. 맨 앞의 E와 D는 대문자.

```
TweenInfo.new(6, Enum.EasingStyle.Linear, Enum.EasingDirection.InOut, -1, true, 0)
                                          ‾‾‾‾‾‾‾‾‾‾‾‾‾‾‾‾‾‾‾‾‾‾‾‾‾‾‾‾‾‾‾‾‾‾
                                                  EasingDirection
```

`Enum.EasingDirection.`

Out	기본값
In	기본값의 거꾸로 재생됨
InOut	좌우대칭식으로 재생됨 앞쪽 절반은 In으로, 뒤쪽 절반은 Out으로 재생.

EasingStyle의 Sine을 예로 들면, Out은 처음에 빠르다가 점점 느려지고,
In은 처음에 느리다가 점점 빨라지고, InOut은 처음에 느리다가 중간에 빠르고, 다시 느려지는 식입니다.
설정 중에 역재생을 켤 예정이라서(파트가 양쪽으로 왔다 갔다 해야하기 때문), 좌우대칭인 InOut이 가장 자연스럽고 좋습니다.

④ repeatCount

반복 횟수입니다. 재생 횟수가 아닌 반복 횟수이므로, 설정하는 숫자보다 한 번 더 재생되는 점 유의해주세요. 0 넣으면 1번 재생, 1 넣으면 2번 재생 이런 식입니다. **무한 반복**하고 싶으면 **-1**을 넣습니다.

```
TweenInfo.new(6, Enum.EasingStyle.Linear, Enum.EasingDirection.InOut, -1, true, 0)
                                                                      ‾‾
                                                                  repeatCount
```

⑤ reverses

재생 후에 다시 역재생하는지 여부입니다. 우리는 파트가 갔다가 다시 오게 만들어야 하므로 **true**라고 써줍니다. 역재생을 끌 땐 false라고 적습니다.

```
TweenInfo.new(6, Enum.EasingStyle.Linear, Enum.EasingDirection.InOut, -1, true, 0)
                                                                          ‾‾‾‾
                                                                        reverses
```

⑥ delayTime

파트가 출발하기 직전 대기시간입니다. 재생 후에 역재생하는 사이에는 적용되지 않습니다. 우리는 대기시간 없이 그냥 0으로 설정합니다.

```
TweenInfo.new(6, Enum.EasingStyle.Linear, Enum.EasingDirection.InOut, -1, true, 0)
                                                                                ‾
                                                                          delayTime
```

05 설정이 모두 끝났습니다.

```
TweenInfo.new(6, Enum.EasingStyle.Linear, Enum.EasingDirection.InOut, -1, true, 0)
```

5 파트 목표 위치 설정하기

01 새 변수를 만들어줍니다. local goal이라고 써주었어요.

```
10    local goal =
```

02 등호(=) 옆에는 중괄호를 입력합니다. 그 안에 대괄호를 입력하고, "Position"이

```
10    local goal = {["Position"] = }
```

라 적습니다. P 대문자 이제 여기에 파트의 목표지점 좌표를 입력합니다.

03 스크립트 밖으로 잠시 나와서, 파트를 목표지점으로 잠시 옮깁니다.

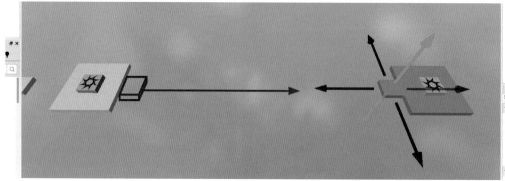

04 이때 파트 속성에서 Position 항목의 값을 기억하세요.

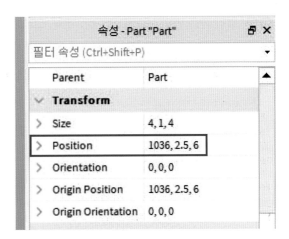

05 다시 파트를 원래 자리에 돌려놓고, 스크립트로 돌아와 조금 전에 봐둔 값을 입력합니다. 좌표는 특수한 입력 방식이 따로 있어서, Vector3.new()라고 적은 후에 입력해야 합니다.

```
10    local goal = {["Position"] = Vector3.new(1036, 2.5, 6)}
```

⑥ 파트 이동시키기!

01 이제 다 끝났습니다. 마지막으로 local tween 변수를 하나 더 만듭니다. 등호(=) 다음에 TweenService 적으세요.

```
12    local tween =
```
```
12    local tween = TweenService
```

02 콜론(:) 적고, Create()라고 적습니다.

```
12    local tween = TweenService:Create()
```

03 괄호에는 순서대로 part.AlignPosition, tweenInfo, goal을 적습니다.

```
12    local tween = TweenService:Create(part.AlignPosition, tweenInfo, goal)
```

04 각각 파트 안의 AlignPosition 개체, 그리고 스크립트 쓰면서 만들었던 변수들입니다.

```
1   local part = script.Parent
2   part.AlignOrientation.CFrame = part.CFrame
3
4   part:SetNetworkOwner(nil)
5
6   local TweenService = game:GetService("TweenService")
7
8   local tweenInfo = TweenInfo.new(6, Enum.EasingStyle.Linear, Enum.EasingDire
9
10  local goal = {["Position"] = Vector3.new(1036, 2.5, 6)}
11
12  local tween = TweenService:Create(part.AlignPosition, tweenInfo, goal)
```

05 마지막으로 tween:Play()라고 적습니다.

```
13  tween:Play()
```

06 여기까지 따라오셨으면 됩니다!

```
1   local part = script.Parent
2   part.AlignOrientation.CFrame = part.CFrame
3
4   part:SetNetworkOwner(nil)
5
6   local TweenService = game:GetService("TweenService")
7
8   local tweenInfo = TweenInfo.new(6, Enum.EasingStyle.Linear, Enum.EasingDire
9
10  local goal = {["Position"] = Vector3.new(1036, 2.5, 6)}
11
12  local tween = TweenService:Create(part.AlignPosition, tweenInfo, goal)
13  tween:Play()
```

7 캐릭터가 파트에 똑바로 딸려가도록 해주자

01 테스트를 실행하면, 파트는 좌우로 이동하지만, 캐릭터는 그것을 똑바로 따라가지 못하는 문제가 있습니다. 이를 해결해봅시다.

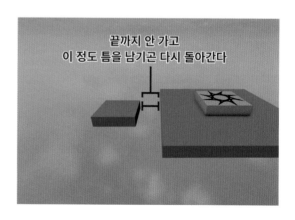

02 이번엔 파트의 속성으로 갑니다.
Transparency를 1로 하고 CanCollide를
꺼서 투명하고 통과되는 파트로 만듭니다.

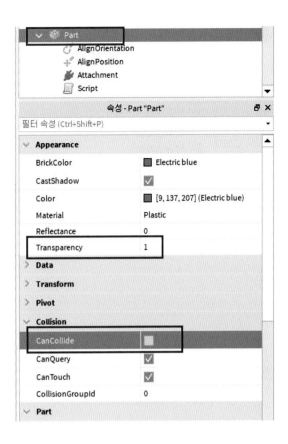

03 그리고 새로운 파트를 하나 더 생성해서 투명해진 파트 자리에 겹칩니다.
(파트끼리 겹쳐지지 않는다면 **건축 시작 준비!** 유닛의 31쪽 06번 문단 참고)

04 새로 생성한 파트는 움직이는 파트 안에 넣어주세요.

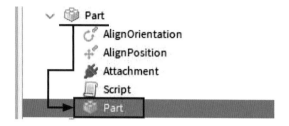

05 이제 두 파트를 Weld로 붙여줄 거예요. 탐색기에서 직접 WeldConstraint를 추가합니다.

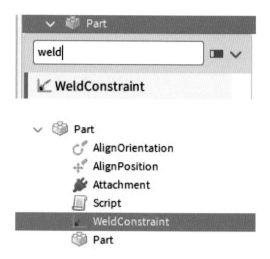

06 WeldConstraint의 속성 중 Part0을 바깥쪽 파트로, Part1을 안쪽 파트로 설정합니다.

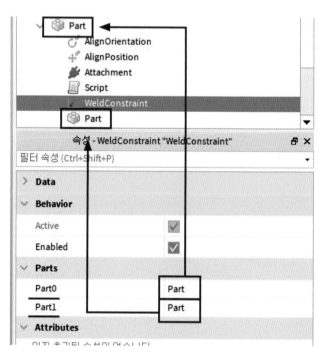

07 이제 정상적으로 작동하는 움직이는 파트를 볼 수 있을 겁니다.

08 단, 파트 크기가 작은 경우, 파트 위의 캐릭터가 계속 뒤처지는 현상이 벌어질 수 있습니다. 파트가 너무 가벼우면 그런 일이 발생합니다. 그럴 때는 파트 속성 중 CustomPhysicalProperties를 켜고, Density 항목의 숫자를 더 크게 해주세요.

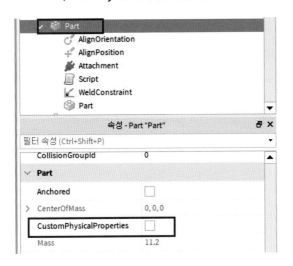

09 저는 그래도 파트가 아주 작은 것은 아니기에 2 정도만 키웠습니다. Density와

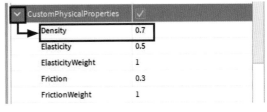

CustomPhysicalProperties 관련 자세한 정보는 **미끄러운 얼음 파트** 유닛에서 확인하실 수 있습니다

로블록스 스튜디오 TIP!

goal의 Position 값에 따라 위아래로나 대각선으로도 이동할 수 있습니다!

MEMO

PART 04
부록

CHAPTER 1.
기타 팁

여기에는 꼭 필요한 건 아니지만, 그래도 알아두면 좋은 정보들을 모아보았습니다!
본편과는 이어지지 않는 내용이니 원할 때 자유롭게 둘러보세요.

UNIT 1 : 그림자 없애기

01 파트가 이렇게 다른 파트 위로 오면 그림자
가 지는 경우가 있습니다. 그림자가 심하면
아래쪽에서는 앞이 잘 안 보여요.

표시된 부분의 그림자를 없애봅시다!

02 상단메뉴 보기로 가서 **탐색기**와 **속성** 창을 열어주세요.

●1 파트를 선택합니다.

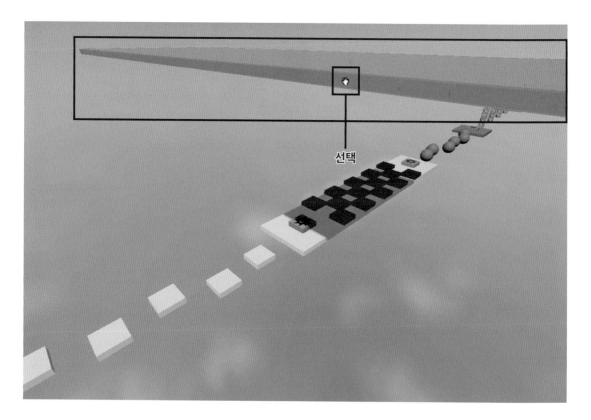

선택

●2 속성 창을 확인해보면, 선택된 파트의 속
성이 뜨는데, 속성 중에서 위에서 2번째에
CastShadow가 있습니다.

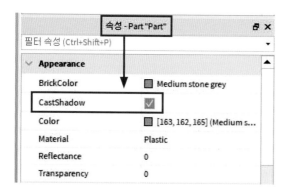

●3 해당 속성을 끄면,

●4 그 파트의 그림자가 없어집니다.

하얀색 부분에 있던 그림자가 없어졌다.

[2] 맵의 모든 그림자 없애기

01 앞에서 열었던 탐색기로 갑니다.

02 탐색기에서 Lighting 개체를 찾아 클릭해 주세요.

03 속성 창을 확인해보면 Lighting의 속성이 뜨는데, 거기서 GlobalShadows라는 속성을 찾으세요.

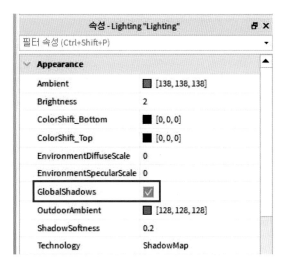

04 이 속성을 끄면 모든 파트의 그림자가 사라집니다!

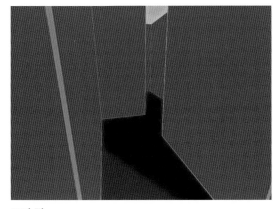

끄기 전

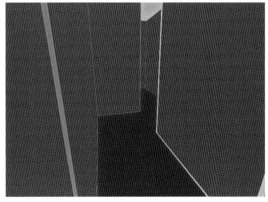

끈 후

UNIT 2: 리스폰 시간 줄이기

01 점프맵을 하다가 맵 밖으로 떨어지면,

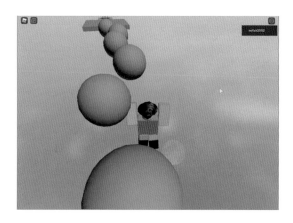

02 한참을 떨어진 뒤에야 죽고,

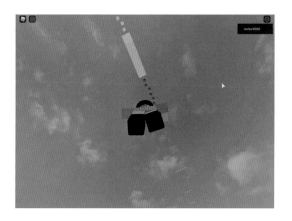 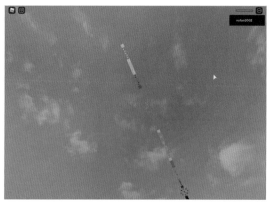

03 죽고 나서도 몇 초를 더 기다려야 리스폰됩
니다. 리스폰 시간이 길어지면 게임이 지루
해지니, 리스폰 시간을 줄여봅시다.

⬚ 떨어졌을 때 조금 더 빨리 죽게 하기

01 상단 메뉴 보기로 가서, **탐색기**와 **속성** 창을 열어주세요.

02 떨어졌을 때 죽는 높이를 설정할 수 있습니다. **탐색기**에서 Workspace 개체를 찾아주세요. 그리고 Workspace를 클릭하여 선택합니다.

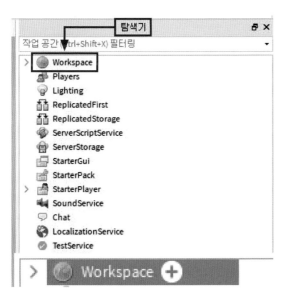

03 **속성** 창을 보면, 속성 중에 **FallenPartsDestroyHeight**라는 속성이 있습니다.

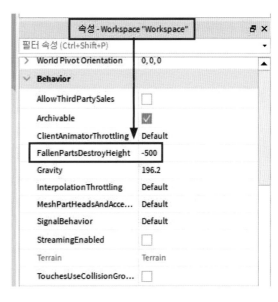

04 지금 –500으로 되어있는데요, 파트 높이가 –500 아래로 떨어지면 삭제하는 것입니다. 물론 파트로 이루어진 캐릭터도 그때 죽습니다.

FallenPartsDestroyHeight   -500

05 이번엔 맵에서 **가장 아래에 있는** 파트 아무거나 하나 선택해보세요.

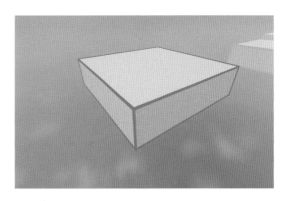

06 파트 속성 중 Position이 있는데,

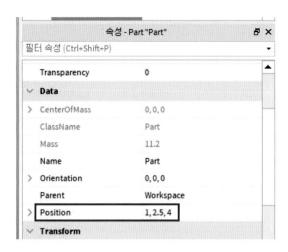

07 Position의 숫자 3개 중 중간의 숫자가 높이를 나타냅니다. 지금 2.5로 되어있습니다.

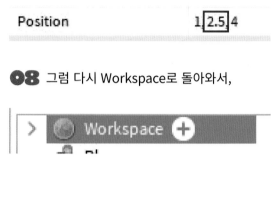

08 그럼 다시 Workspace로 돌아와서,

09 **FallenPartsDestroyHeight** 속성을 2.5보다 약간 더 낮은 0으로 설정해봅니다.

10 그러면 2.5에서 0까지 2.5스터드만 떨어지면 캐릭터가 죽으니(R6 캐릭터의 키는 5스터드) 전보다 더 빠르게 죽게 할 수 있습니다.

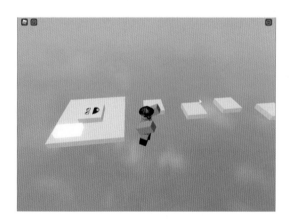

로블록스 스튜디오 TIP!

FallenPartsDestroyHeight 설정하는 대신, 그냥 바닥에 **투명**하고, **통과**되는 **킬파트**를 깔아주어도 됩니다.

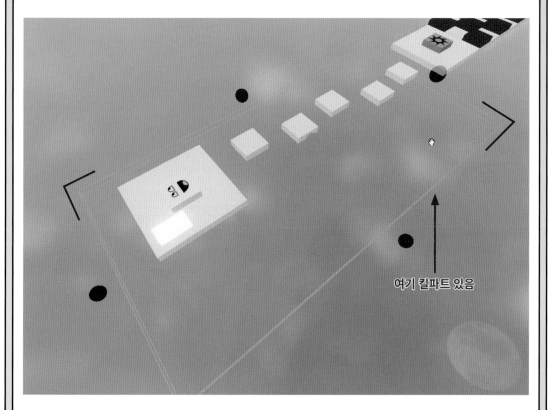

여기 킬파트 있음

(눈에 안 보이는 투명한 파트, 밟히지 않고 쑤욱 통과되는 파트 유닛 59쪽 참고)

01 이제 죽은 후에 더 빨리 리스폰하도록 만들어줍시다. 탐색기에서 Players를 선택해주세요.

02 Players의 속성 중에는 **RespawnTime**이 있습니다.

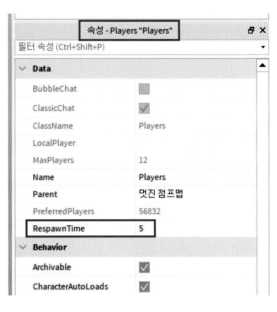

03 이것이 리스폰 시간입니다. 예를 들어 이걸 0으로 하면 죽자마자 리스폰됩니다.

04 1로 설정하면, 죽은 후 1초 뒤에 리스폰합니다.

저는 1로 설정해주겠습니다.

UNIT 3 : 캐릭터끼리 통과되게 하기

01 로블록스에서는 캐릭터끼리 서로 밀어서 떨어뜨리거나, 밟아서 올라갈 수도 있습니다. 하지만 점프맵을 할 때는 이것을 이용해서 서로 방해하거나 꼼수를 부릴 수도 있는데요, 이것을 막기 위해 캐릭터가 서로 통과되도록 해주는 스크립트가 있습니다.

02 로블록스 개발자 허브에도 올라온 스크립트입니다.

https://developer.roblox.com/en-us/articles/Player-Player-Collisions

03 저는 이것을 여러분이 쉽게 가져올 수 있도록 도구 상자(툴박스)에 모델로 업로드했습니다. 상단 메뉴 모델에서 탐색기와 도구 상자(툴박스)를 열어주세요.

04 도구 상자(툴박스)에서 모델 항목을 선택하고, 검색창 오른쪽 아이콘 눌러서, **nofair2002**를 입력하고,

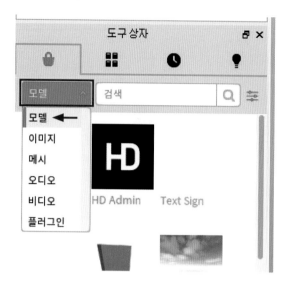

제 아이디로 올려놓았습니다!

05 '캐릭터 충돌'이라고 검색해주세요.

로블록스 스튜디오 TIP!
한글로 검색할 때는
맨 마지막 글자가 사라지지 않게 스페이스바를 한 번 더 누릅니다

06 검색 결과에 나오는 이 모델을 클릭하면

07 탐색기 보면 Workspace에 스크립트가 들어온 것을 볼 수 있습니다.

이 스크립트가 자동으로 캐릭터끼리 통과되도록 설정해줄 겁니다.

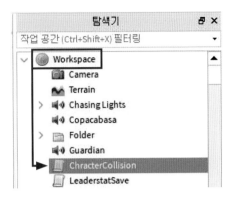

UNIT 4 : 도구 상자 사용법

01 도구 상자에서는 로블록스 유저들이 무료로 업로드한 모델, 이미지, 오디오, 메시 등을 자유롭게 가져올 수 있습니다. 예를 들어 crate(상자)라고 검색하면, 다른 사람들이 만든 다양한 상자 모델을 찾을 수 있습니다. 킬파트, 체크포인트 파트 등의 스크립트가 너무 어렵다면 도구상자에서 가져올 수 도 있습니다.

한국어로 검색해도 나오는 파트들이 많다.
킬파트, 체크포인트도 검색해보자.

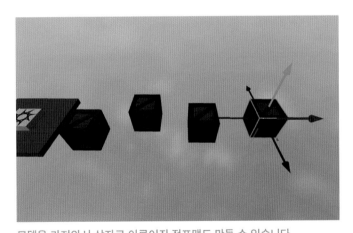

모델을 가져와서 상자로 이루어진 점프맵도 만들 수 있습니다.

02 모델은 반드시 탐색기로 내용물을 샅샅이 열어 봐주세요. 종종 수상한 스크립트가 숨겨져 있기도 하거든요. 어떤 스크립트는 정상적인 게임 플레이를 방해하기 때문에, 반드시 스크립트 내용을 확인해서 사용해도 안전한지 체크해주세요.

스크립트 안에 다음 단어들이 있으면 의심해볼 만합니다.

vaccine, virus, getfenv() 등의 단어

MarketPlaceService : 게임에 들어오는 플레이어들에게 지속적으로
아이템 구매 창을 띄워 화면을 가리는 스크립트에서 발견됩니다. 단, 게임패스 상점 등의 모델에서는 발견되어도 괜찮습니다.

TeleportService : 게임에 들어오는 플레이어를 다른 게임으로 이동시키는 스크립트에서 발견됩니다. 단, 게임 또는 플레이스 간 텔레포트를 다루는 모델이라면 발견되어도 괜찮습니다.

물론, 위 단어들이 없더라도 문제가 있는 스크립트도 많습니다. 따라서 가장 중요한 것은 스스로 스크립트를 배우면서 읽는 방법을 익히는 것입니다.

03 스크립트를 아직 모르는 사람이라면, 모델의 '좋아요'와 '싫어요' 비율을 확인하여 '좋아요'의 비율이 80% 이상으로 높은 것만을 사용하는 것이 그나마 안전합니다. 물론, '좋아요' 비율이 높은 모델 중에도 문제되는 것이 없지는 않습니다.

아래쪽에 보이는 초록색/빨간색 막대기가 각각 좋아요와 싫어요 비율을 나타낸다.

04 검색 창 오른쪽의 아이콘을 클릭하면 세부 검색이 가능합니다.
모델의 경우, 모델을 제작한 플레이어의 닉네임으로 검색할 수 있습니다. 그 플레이어가 업로드한 모델들만이 검색 결과에 등장하게 됩니다.

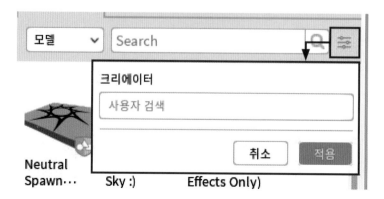

05 탐색기에서 원하는 개체를 오른쪽 클릭하여 **Roblox에 저장...** 항목을 선택하면 그것을 도구 상자에 업로드할 수 있습니다.

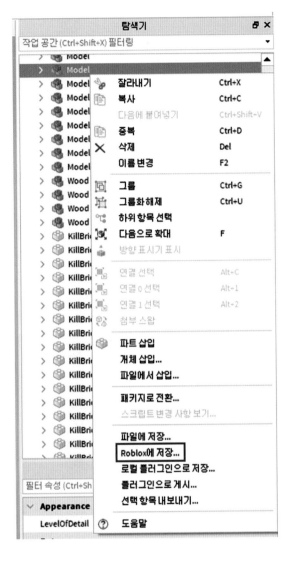

06 모델을 업로드할 때 **복사 허용** 항목을 켜면 다른 사람들도 그 모델을 무료로 이용할 수 있게 됩니다. **복사 허용**을 끄면 자신만 쓸 수 있습니다.

07 자신이 업로드한 모델들은 도구 상자의 작품 탭에서 확인하고 가져올 수 있습니다.

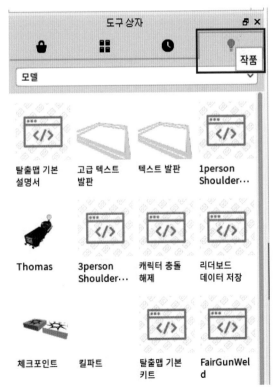

CHAPTER 2.
더 배우고 싶다면?

UNIT 1 : 개발자 문서

로블록스 공식 개발자 문서입니다. 로블록스 스튜디오의 모든 개체, 서비스, 스크립트 정보들, 강좌 등이 이곳에 다 모여 있습니다.

create.roblox.com/docs

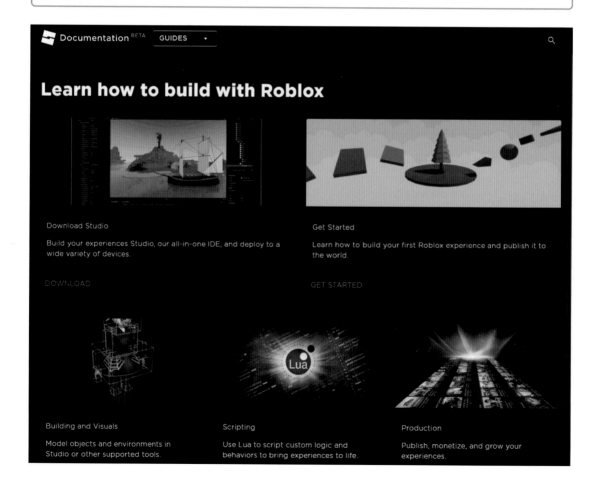

01 오른쪽 위 돋보기 아이콘을 눌러,

02 part라고 검색하면,

03 파트에 관한 문서들을 찾아볼 수 있습니다.

04 맨 위의 문서를 클릭해봅니다.

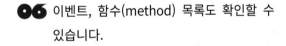

05 파트의 속성들 목록과,

06 이벤트, 함수(method) 목록도 확인할 수 있습니다.

07 원하는 속성, 이벤트 혹은 함수를 목록에서 클릭하면, 해당 속성에 관한 간단한 설명을 볼 수 있습니다.

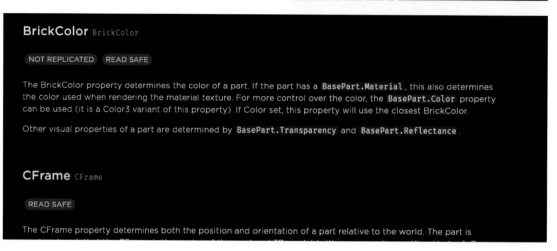

08 속성 옆의 파란색 글자는 속성 자료형을 나타내는데, 클릭하면 그 자료형에 관한 문서로 이동됩니다.

09 BrickColor 자료형헤 관한 자세한 설명, 예시 스크립트 등을 찾아볼 수 있습니다.

The `BrickColor` data type provides a predefined list of named colors, not to be confused with `Color3`, a more general data type that describes RGB colors. The following code shows how to use `BrickColor.new()` to declare the `BrickColor` property of a `Part`.

```
1    -- By color name
2    workspace.Part.BrickColor = BrickColor.new("Pastel Blue")
3    -- By numerical index
4    workspace.Part.BrickColor = BrickColor.new(11)
5    -- By RGB values
6    workspace.Part.BrickColor = BrickColor.new(128, 187, 219)
7
```

The following table is the list of available brick colors.

Color	Name	Number	RGB Value
	White	1	[242, 243, 243]
	Grey	2	[161, 165, 162]
	Light yellow	3	[249, 233, 153]

UNIT 2 : 개발자 포럼

로블록스 공식 개발자 포럼입니다. 영어로는 Devoloper forum, 줄여서 Dev Forum(데브 포럼)이라고 부릅니다.

devforum.roblox.com

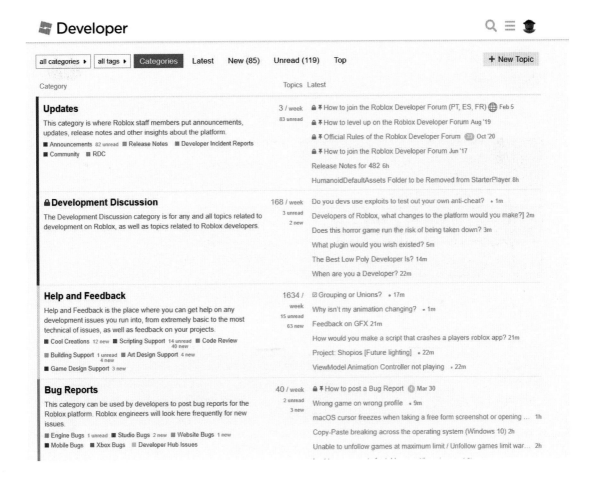

로블록스 스튜디오 관련 업데이트 공지가 바로 이곳에 올라오고, 전 세계의 로블록스 게임 개발자들의 질문과 답변, 스튜디오 강좌, 게임 개발 관련 생각 나눔 등 다양한 자료를 찾아볼 수 있습니다.

로블록스 계정으로 로그인한 후, 일정 시간 이상 사이트를 이용하면 본인이 직접 질문 글을 올릴 수도 있습니다. 게임을 만들다가 막히는 부분이 있을 때, 궁금한 점이 생겼을 때 찾아보면 좋습니다.

UNIT 3: 작가의 유튜브 채널

이 책 작성자의 유튜브 채널입니다. 책에서 모두 다루지 못한 내용, 스크립트 기초 강좌 초급부터 고급까지, 다양한 로블록스 스튜디오 강좌와 직접 제작한 무료 모델 배포 영상 등을 업로드하고 있습니다. while, for 외에 숨겨진 제 3의 반복문 등 책에 담지 못한 스크립트 이야기를 영상으로 만나보세요!

youtube.com/c/노페어

노페어
@nofair
구독자 1.08만명

구독

홈   동영상   SHORTS   실시간   재생목록   커뮤니티   채널   정 >

0:00 / 4:48 · 들어가며 >

로블록스 인기 게임 만드는 현실적인 방법!

조회수 17,864회 · 6개월 전

로블록스 게임 만들기

0:00 들어가며
0:17 양산형 게임이라도 괜찮다
0:51 스크립트 기초를 배우자
1:38 최소한의 디자인
2:16 초반을 재밌게...
자세히 알아보기

[로블록스 스크립트] 기초 강좌 (초급) ▶ 모두 재생
노페어의 로블록스 스튜디오 스크립트 코딩 기초 강좌 초급 재생목록

4:20	4:44	3:01	3:50
[로블록스 스크립트] 스크립트 처음 시작하기	[로블록스 스크립트] Explorer(탐색기), 개체(오브...	[로블록스 스크립트] 개체 탐색할 때 주의사항	[로블록스 스크립트] 파트 속성(Properties), 파트 투명도,...
노페어	노페어	노페어	노페어
조회수 10만회 · 2년 전	조회수 3.9만회 · 2년 전	조회수 2.3만회 · 2년 전	조회수 2.1만회 · 2년 전
자막	자막	자막	자막

[로블록스 스크립트] 기초 강좌 (중급) ▶ 모두 재생
노페어의 로블록스 스튜디오 스크립트 코딩 기초강좌 중급

   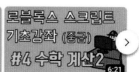

UNIT 4: 로블록스 스튜디오 개발자 커뮤니티

한국의 로블록스 개발자들이 모인 네이버 카페입니다. 로블록스 개발자 포럼과 비슷한 구조를 띄고 있습니다.

cafe.naver.com/robloxstudio

로블록스 스튜디오 개발자 커뮤니티

로블록스 스튜디오와 로블록스 게임 개발 관련 정보를 나...

주제 게임 > 게이머/게임제작   멤버수 1,507
랭킹 **잎새3단계**   새글/전체글 6/4,378
카페프로필 >

여기서 한국의 개발자들과 질문을 주고받거나, 여러 강좌, 한국어로 번역된 로블록스 업데이트 소식 등을 찾아볼 수 있습니다.
본인이 제작한 게임 홍보도 할 수 있어요!

CHAPTER 3.
책에 나온 점프맵을 직접 해보자!

이번 책을 진행하며 만들어진 게임을 로블록스에서 직접 확인할 수 있습니다.

roblox.com/games/6755508750/unnamed

멋진 점프맵
개발: @nofair2002

플겨찾기   팔로우   0   0

소개 | 상점 | 서버

설명

정말 멋진 점프맵이다

활성	플겨찾기	방문	개발 완료	업데이트	서버 크기	장르	허용된 장비
0	2	15	2021. 5. 2.	2021. 12. 13.	25	모험	[x]

이 체험의 소스는 복사할 수 있습니다.   신고하기

비공개 서버 ⓘ

가격: ◎10

비공개 서버 만들기

친구뿐 아니라 다른 사람들도 초대해 함께 체험을 방문해 보세요.
서버 탭에서 자신의 비공개 서버를 모두 확인할 수 있습니다.

01 로블록스에서 멋진 점프맵으로 검색하세요.

PC 화면

모바일 화면

02 플레이 버튼을 통해 직접 게임을 해볼 수 있습니다.

제목 옆 ⋯ 버튼을 눌러, Edit 버튼을 누르면 직접 맵 파일을 열어볼 수도 있습니다. 게임이 어떻게 구성되어있는지 확인해봅시다.

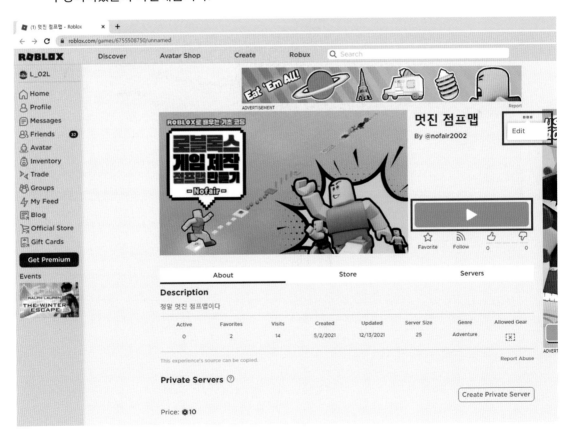

ROBLOX로 배우는 기초 코딩

로블록스
게임 제작
점프맵 만들기

1판 1쇄 인쇄 2022년 1월 5일   1판 1쇄 발행 2022년 1월 10일
1판 4쇄 인쇄 2023년 9월 10일   1판 4쇄 발행 2023년 9월 15일

—

지 은 이 Nofair
발 행 인 이미옥
발 행 처 디지털북스
정   가 20,000원
등 록 일 1999년 9월 3일
등록번호 220-90-18139
주   소 (04997) 서울 광진구 능동로281-1 5층 (군자동 1-4 고려빌딩)
전화번호 (02)447-3157~8
팩스번호 (02)447-3159

—

ISBN 978-89-6088-391-8 (93000)
D-22-01

DIGITAL BOOKS
디지털북스